KLAUS HORSTEN

RICHTIG FEHLER

MACHEN!

SO WIRD FALSCHES GUT

Edition Imperfekta

Klaus Horsten: Richtig Fehler machen! So wird Falsches gut

© Edition Imperfekta, 1. Auflage, Wien 2014

Druck: digiDruck

Printed in Austria

ISBN: 978-3-200-03588-1

Meiner Tochter Stella gewidmet

Autor

Klaus Horsten, geboren 1965, Studium der China-
wissenschaft und Germanistik in Wien und Taiwan.
Promotion 1996. Mehrere Jahre Flüchtlingsberater.
Am Spielplatz, während er auf seine Tochter auf-
passt, beschäftigt er sich mit eigenen Fehlern und
fremden Missgeschicken. Arbeitet als Programmierer. Lebt in Wien.

Veröffentlichungen

Sun Longji: Das ummauerte Ich, Kiepenheuer, Leip-
zig 1994, Hg. Hans Kühner [Übersetzung aus dem
Chinesischen].
Die Lehre vom Zurechtlegen der Worte, Xiucixue
[Rhetorik], Möglichkeiten und Regeln des Formu-
lierens im Chinesischen, Projekt Verlag, Dortmund
1998.
Zeitungsfeuilletons.
Fachartikel.

INHALTSVERZEICHNIS

1 | MACHEN SIE FEHLER!

Fehler sind Avantgardisten: Sie schaffen neue Kunst-richtungen, neue Denkarten, neue Handlungsmuster. Fehler erblicken ungefragt das Licht der Welt und sollen möglichst schnell wieder aus dieser Welt verschwinden – und nie wieder auftauchen. Dabei schafft der »Zufall« zuweilen Gebilde, die eine gezielte Planung nie zustande gebracht hätte, Gebilde, die sich nutzen lassen. Mit Alltagsbeispielen will das Buch »die Augen schälen«, pelar los ojos, wie die Costa-Ricaner sagen, den Blick schulen, um diese Kostbarkeiten zu entdecken.

Fehler sind allgegenwärtig: Rechtschreibfehler, Rechenfehler, Tippfehler, Druckfehler, Denkfehler, Sprachfehler, Bedienungsfehler, Argumentationsfehler, Schlussfehler, Entscheidungsfehler, Konstruktionsfehler, Fehlbenennungen, Fehlbesetzungen, Fehleinschätzungen, Missdeutungen, Missverständnisse und Missmanagement, Fehler durchziehen wie riesige Fischschwärme unsere Welt. Es gibt keine Handlung, deren Erfolg nicht von ihnen bedroht wäre.

Wollen wir nicht sämtliche Fehlgriffe und Fehltritte für alle Vergangenheit und Zukunft korrigiert und verschwunden wissen? Klingt die Aufforderung »Machen Sie Fehler!« da nicht kontraproduktiv und provokant? Wieso, werden Sie sich fragen, sollte ich das Schiefe und Verkehrte, das ich vermeiden will, absichtlich erzeugen? Und wie ist es möglich, ihr angeblich »kreatives Potential« zu nutzen? Manchmal subtil, manchmal offen, manchmal sogar unter Gewaltanwendung sind viele zu Hause und in der Schule gezwungen worden, Fehler zu vermeiden. Kaum gemacht sollten wir sie sofort wieder auslöschen, ein

Zwang, den wir als Fehlerangst verinnerlicht haben. Und jetzt wollen wir absichtlich am Ziel vorbeischießen? Die Antwort lautet: ja, aber um ein anderes, bisher unbekanntes Ziel zu treffen.

Die traditionelle Art, aus Fehlern zu lernen, besteht darin zu lernen, wie man Fehler vermeidet. Sie gelten als etwas Schlechtes. In der neuen »Kunst des Fehlermachens« hingegen wird die »*Fehl*handlung« von ihrem »Fehl-« befreit und positiv als »Handlung« aufgefasst, als Möglichkeit, einen anderen als den ursprünglichen Zweck zu erreichen: Das im Falschmachen angelegte Können wird nicht unterdrückt, sondern genutzt.

Noch ein Zweifel. Lassen sich Fehler überhaupt willkürlich erzeugen? Werden sie nicht »aus Versehen« gemacht, unabsichtlich? Ist diese Aufforderung dann nicht falsch? Beispiele sind wie Bilder und sagen mehr als 1000 theoretische Worte.

Beispiel: Kindertext

Meine Tochter Stella schrieb mit 9 Jahren den folgenden Text für die Schule:

Ich und meine Familie

Ich beiße Keller Küberl und rabe am 9. Schoktober Burzeltag.
In meiner Reiszeit lese ich sterne oder gehe zu den Radkindern.
Meine Butter arbeitet im Büklo als Büklomeisterin.
Mein Kater ist Pograschmierer.
Bald werde ich zwei Rosinen oder zwei Cordon Bleus bekommen, weil meine Kanten Rinder bekommen.
Ich gehe in die Kaiser Sternenbergschule und meine Lehrerin ist Maggi Mai.

Hier die Übersetzung in fehlerfreies Deutsch:

Ich und meine Familie

Ich heiße Stella K. und habe am 9. Oktober Geburtstag.
In meiner Freizeit lese ich gerne oder gehe zu den Pfadfindern.
Meine Mutter arbeitet im Büro als Büroleiterin.
Mein Vater ist Programmierer.
Bald werde ich zwei Cousinen oder zwei Cousins bekommen, weil meine Tanten Kinder bekommen.
Ich gehe in die Graf Starhemberg Schule und meine Lehrerin ist Margarete Mayer.

Sie macht auf lustige Art bewusst Fehler und zwar ohne Angst und in vergnüglicher, ja befreiender Weise – und ohne die scheinbare Unmöglichkeit, absichtlich Fehler machen zu können. Ein solcher Text kann die starren Mauern der Alltäglichkeit durchbrechen und eine Öffnung in kreative Weiten schlagen.

Nun mag man solche unernste Spielereien gerne Kindern zugestehen. Aber für uns Erwachsene? Soll das was sein? Kann es über das Spielen hinaus etwas Brauchbares und Nützliches leisten?

Von der Kinder- in die Erwachsenenwelt

Das folgende Gedicht »Calypso« stammt von Ernst Jandl. Ich hoffe, Sie verstehen dieses Kauderwelsch aus Englisch und Deutsch. Es handelt sich um eine schriftstellerisch genau gesetzte Verballhornung. (Jandl »Laut und Luise« S. 12 f.)

CALYPSO

ich was not yet
in brasilien
nach brasilien
wulld ich laik du go

wer de wimen
arr so ander
so quait ander
denn anderwo

ich was not yet
in brasilien
nach brasilien
wulld ich laik du go

als ich anderschdehn
mange lanquidsch
will ich anderschdehn
auch lanquidsch in rioo

ich was not yet
in brasilien
nach brasilien
wulld ich laik du go

wenn de senden
mi across de meer
wai mi not senden wer
ich wulld laik du go

yes yes de senden
mi across de meer
wer ich was not yet
ich laik du go sehr

ich was not yet
in brasilien
yes nach brasilien
wulld ich laik du go

Jandl macht mit Bedacht Fehler, er kultiviert, ja ze-
lebriert sie und kommt auf diese Weise zu diesem
amüsanten Gedicht. Der Wechsel von der Kinder- in
die Erwachsenenwelt ist gelungen. Aber gelingt auch
der Übergang vom Spiel zum Ernst? Taugen solche
Sprach-Spielereien nur zur Unterhaltung oder auch zu
etwas »Seriösem«?

Absichtliche Fehler in der Werbung

Was ist das Ernsthafte? Ich vermute – und glaube kaum, dass mir jemand widersprechen wird – das Ernsthafte ist: Geld. Immer wenn es um das Geldverdienen geht, dann wird es ernst. Ich steige mitten in die Welt des Kaufens und Verkaufens ein: in die Werbung. Die folgenden Beispiele zeigen, wie Fehler in der Werbung dazu benutzt werden können, Geld zu machen, indem sie die Menschen zu mehr Sympathie bewegen.

Die Werbung der Berliner Stadtreinigung versuchte, das negative Bild, das die Berliner von der Müllabfuhr hatten, zu verbessern.

»We kehr for you« lautete einer der Sprüche auf einem Werbeposter, das zwei sympathische Straßenkehrer in Orange zeigte. Dieses Motiv war Bestandteil der 1999 gestarteten stadtweiten Kampagne der BSR. Sie kam sehr gut an und ist mehrfach ausgezeichnet worden.

»We kehr for you« ist das gleiche Kauderwelsch wie bei Jandl. Der Satz entsteht durch Überblendung von »We care for you« (»Wir sorgen für Sie«) und »Wir kehren für Sie«. Er ist schief und doch erreicht er geradewegs sein Ziel, nämlich auf lustige Weise die Menschen zu gewinnen – ein Erfolg, der sich dem absichtlichen Fehlermachen verdankt. Noch ein Beispiel:

Ein Plakat mit der Aufschrift »Saturday Night Feger«
zeigte einen Straßenkehrer lässig ausgestreckt in coo-
ler Tanzstellung wie die von John Travolta in dem
Tanzfilm »Saturday Night Fever«. Die Passanten, die
das Bild sahen, verstanden seinen Sinn sofort: Hier
wurde das englische »Fever« durch das deutsche »Feger« ersetzt.

Und ein Werbespot im Fußballstadion ging so:

Reporter: Was halten Sie als Fußballexperte eigentlich
von der Berliner Stadtreinigung?

Trappatoni: BSR? Oooch, ich muss machen große Kom-
pliment! Manchmal, wenn ich sehe auf Straße Idiot, werfen weg, wenn Flasche leer. Ich denken: Was erlauben Idiot?
Aber dann BSR kommen in Platz, putzen aus, machen sauber
rein und danach Sack zu.

Reporter: Was gefällt ihnen besonders an dieser Truppe?

Trappatoni: Äääääh – BSR das sind echte Talente von der
Straße. Da ist nix abseits stehen. Da geht nichts daneben.
Das ist was für Auge! Einfach fantastico.

Versuchen Sie es selbst! Nehmen Sie zum Beispiel
einen bekannten englischen Satz, einen Songtext oder

Filmtitel, und ersetzen Sie Wörter durch gleichklingende deutsche. Vielleicht gelingt Ihnen auch eine »fantastische Befegung der vierten Art«!

Mittel der Gesellschaftskritik

Erinnern Sie sich: Meine Tochter schrieb »Mein Vater ist Pograschmierer« anstelle von »Programmierer« – »Pograschmierer« als ein neues Schimpfwort. Das Wortspiel besitzt eine Tendenz zur Kritik.

Bei Karl Kraus sehen wir, wie diese Kritik in meisterlicher Form aussieht: Er benutzt die absichtlichen Wortverunstaltungen, um die scheinbar schönen Dinge in ihrem wahren Fratzengesicht zu zeigen. In seiner Zeitschrift »Die Fackel« formuliert er ganz im Sinn dieses Buchs: »Der Sprache ist es gegeben, auch von einem falschen Sprachgebrauch, einen richtigen zu machen.« (Fackel 572, 7, zitiert nach Wagenknecht »Das Wortspiel bei Karl Kraus« S. 45) Kraus stellt beispielsweise den »Machthabern« die »Ohnmachthaber« gegenüber, macht aus der »Schwindsucht« eine »Verschwindsucht«, kritisiert den »Höhepunkt der Laufbahn« als einen »Höhepunkt der Leerlaufbahn« und den »Heiligenschein« ergänzt er durch den »Scheinheiligenschein«. Wie ein gezielt eingesetzter Rechtschreibfehler, der die Wahrheit in kürzester Form auszusprechen vermag, erscheint der Ausdruck »Ja, es ist ein chlorreicher Krieg!« (Fackel 437, 53, zit. n. Wagenknecht S. 40), gemeint sind der Erste Weltkrieg und seine Giftwolken, anstelle von dem damals behaupteten und von der Presse propagierten »glorreichen Krieg«. »Springinsfeld« verwandelt er durch einen Orthografiefehler in »Springinsgeld« (Fackel 298, 1, zit. n. Wagenknecht S. 39). Die Pfarrer und Priester, ob christlich oder jüdisch, die »Dunkelmänner« in schwarzen Kutten, werden durch Änderung eines einzigen Buchstabens zu »Dünkelmännern« (Fackel 13, 30, zit. n. Wagenknecht S. 40). Und die

Presse wird anstelle des »Kopfs der Welt« zum »Kropf der Welt« (Fackel 287, 11, zit. n. Wagenknecht S. 40) – also zu etwas, das man am besten entfernt, eine Geschwulst am Körper der Gesellschaft.

Ich glaube, für den Anfang sind das genug Beispiele. Sie konnten sehen, wie sprachliche Fehler erstens dazu benutzt werden können, lustige Texte zu verfassen; zweitens gelungene Werbeslogans zu erfinden; und drittens gesellschaftskritische Wahrheiten in kürzester Form auszudrücken. All das sind »Kultivierungen« von Fehlern: Fehler werden absichtlich gemacht, nüchtern berechnet oder gezielt abgeschossen. Einen Fehler zu machen bedeutet nicht immer, einen Fehler zu machen: Von den zielführenden Fehlern handelt dieses Buch.

Eine Einschränkung – bitte lesen!

Fehler können fatal sein: Investitionsfehler, die zum Bankrott führen; Fahrfehler, die zum Totalschaden; Ärztefehler, die zum Tod; Pilotenfehler, die zum Flugzeugabsturz führen – solche Fehler sollen selbstverständlich nicht gemacht werden. Nur eine Untermenge der Fehler ist harmlos. Um die geht es. Die anderen müssen vermieden werden.

2 | DEUTSCH, DIE ALLERSCHÖNSTE LENGEVITCH

Der Mix aus Deutsch und Englisch, dem man besonders im Fach- und Jugendjargon begegnet, ist in Verruf. Zu Unrecht, wie ich meine. Wenn man ihn extrem und mutig genug betreibt, dann entwickelt er ein belebendes Aroma. Ich habe eine Freundin gebeten, mir ihr kauderwelsches E-Mail als Textbeispiel zur Verfügung zu stellen. Herzlichen Dank an Silvia Furtenbach! Hier ist es:

Hello you!

What is loose with you? Have you much around the ears or am I on the woodway?

I hope I go you not on the alarmclock with my English for runaways [zum Davonlaufen].

I have also a heap work, but I do now short nothing and write you.

Today I was eat a wood-piece-heap [Scheiterhaufen]. It tasted me right good.

What drive you so always? I hope you betake you [benimmst dich]. So, now I must again do what.

Equal goes it loose. A beautifull weekend still.

Silvia

Alles falsch – und doch lustig: Das absichtlich katastrophale Englisch ist ein Mittel des Humors.

BSE ist nicht nur der Rinderwahnsinn, sondern bedeutet auch »Bad Simple English«. Manager wollen ihre Firma »downsizen« und Aufgabenbereiche »outsourcen«; Programmierer planen den neuen »rollout« einer Webseite; und vielleicht sagt morgen Ihr Chef bei einem »meeting« zu Ihnen, dass Sie einen wichtigen

»asset« für den Betrieb darstellen. Wir können BSE beklagen oder einen »change« in unserem »mindset« vornehmen oder beides.

Ich möchte Ihnen zeigen, was für ein Potential im Kauderwelsch steckt: Manche Satiriker verarbeiten es; manche Werbetexter handhaben es; vorsichtige oder spießige Ärzte gebrauchen es, um Schweinisches so auszudrücken, dass es der Patient nicht merkt. Und Fremdsprachenlehrer wie Mr. Langenscheidt – der Gründer des bekannten Verlags – haben es schon pädagogisch genutzt, bevor wir noch auf der Welt waren.

Satire

Deutsch – die schönste Sprache! Kurt Stein nahm in den USA der 20er Jahre des vorigen Jahrhunderts diese Anmaßung aufs Korn, und zwar in seinem Buch »Die schönste Lengevitch«. Stein übersetzt unsere Klassiker in meisterhaftes »Denglisch«. Erinnern Sie sich an diese Szene aus Goethes »Faust«? (Stein »Die Allerschönste Lengevitch« S. 134 f.)

Trotzdem sie ihre Mind verlor'n
Und krank iss, und ganz ausgeworn,
Liegt's arme Gretchen, schwach und pale
Auf a Bunch Stroh im County Jail;
Denn in die Times gab's noch kei Plea
Convenient Insanity. [Plädieren auf »unschuldig wegen praktischer Unzurechnungsfähigkeit«]

Auf ei'mal rattelts an der Thür -
»Gee«, ruft das Gretchen »du bist hier!
Kannst du remembern auf der Porch [Veranda] -«
»Poor Ding«, weint Faust, und raised sei Torch.
»Come Gretchen, quick, ich hab die Keys.«
»Ach, stay doch noch a Minute, please,«
Sagt sie: »talk von die alte Zeit;
Kei Taxi wart doch nicht autseit.«
»Come, hurry nimm dei Hut, mach schnell!«
Urged Faust, »es iss schon nearly hell!«

»Nix on die Hell«, replied das Gretchen.
Und while Mephisto stampet und rafet,
Da singen Angels, »Sie's gesafet [gerettet].«

Die Churchbell ringt, und mit Gebimmel
Ascended sie hinauf zum Himmel.

Jeder Satz verstößt gegen die »Germanitas« – so nennen Linguisten die Norm der deutschen »Sprachreinheit« – und doch sitzt jedes Wort.

Ein kurzer Blick in die Geschichte. Es gab zwar nie ein »reines Deutsch«, immer wieder aber die Forderung nach einem reinen Deutsch. Grundlegende Wörter, wie »ist« und »haben«, lassen sich in ihrer Entwicklung bis ins Lateinische zurückverfolgen (»est«, »habere«). Wie sollte man sie ersetzen? Der Wunsch ist unrealistisch.

Martin Opitz erhob schon 1624 in seinem »Buch von der deutschen Poeterey« die Forderung nach reinem Hochdeutsch. Ich habe den folgenden Textauszug im Originalwortlaut belassen. Lesen Sie, wie Deutsch zur Zeit des Barocks geklungen hat; auch wenn es etwas anstrengend ist, es ist verstehbar und vermittelt ein Gefühl für damals. (Opitz »Buch von der deutschen Poeterey« S. 32 f.)

»Die ziehrligkeit erfodert das die worte reine vnd deutlich sein. Damit wir aber reine reden mögen / sollen wir vns befleissen deme welches wir Hochdeutsch nennen besten vermögens nach zue kommen / vnd nicht derer örter sprache / wo falsch geredet wird / in vnsere schriften vermischen. [...] So stehet es auch zum hefftigsten vnsauber / wenn allerley Lateinische / Französische / Spanische vnnd Welsche wörter in den text vnserer rede geflickt werden; als wenn ich wolte sagen:
Nemt an die courtoisie, vnd die deuotion [Devotion],
Die euch ein cheualier [Chevalier], madonna, thut erzeigen.«

Die Forderung hatte ihr Recht. Zu jener Zeit war es notwendig, sich von den beengenden Vorbildern der griechischen und lateinischen Literatur loszumachen und Kunstwerke zu schaffen, die in der eigenen Muttersprache glänzen.

Werbung

Rein englische Werbesprüche kommen im deutschsprachigen Raum nicht gut an und verfehlen meist die gewünschte Wirkung. Mischt man etwas Deutsch darunter, dann ändert sich das schlagartig.

»It's your Heimspiel!« dichteten beispielsweise die Werbetexter von Coca Cola anlässlich der Weltmeisterschaft 2006. Mit »Beef baba!« warb McDonalds Österreich mit dem Regionalismus »baba« (»tschüss«) um den neuen »Veggie Burger«. Auch Latein geht: »Veni Vidi Wiki« lautete ein Slogan der Wikipedia.

Auch Dialekt statt Englisch geht. Mit »Wenn's schee macht« warb die Firma Müllermilch, clever und couragiert, um Buttermilch.

Finden Sie kauderwelsche Ausdrücke in Werbeslogans. Wie wirken sie auf Sie? Gefallen Sie Ihnen? Lassen sich die Sprüche leichter merken? Denn Werbung zielt auf das Merken: Wir sollen über die Slogans die Produkte im Gedächtnis behalten und als die besseren und besten wiedererkennen. Wenn ja, könnte man diesen Trick nicht auch zum Lernen anderer Dinge benutzen? Ich werde Ihnen zeigen, dass es geht. Zuerst aber zum kauderwelschen Versteckspiel.

Schamvoll verhüllen

Wie schildert man einen Geistlichen, der zu einer Hure geht, die sich tot stellen muss, woraufhin er ...

Der Arzt Richard von Krafft-Ebing flüchtete sich in seiner »Psychopathia sexualis«, einer Sammlung von Fallstudien sexueller Perversionen, regelmäßig bei den

Höhepunkt-Schilderungen ins Lateinische: »Von hohem Interesse auf dem Gebiete der Nekrophilie ist die [...] Geschichte eines Prälaten, der zeitweise in einem Prostitutionshause in Paris erschien und eine Prostituierte, als Leiche weiß geschminkt, auf dem Paradebett liegend, bestellte. Hora destinata in cubiculum quasi funestum et lugubre factum vestimento sacerdotali exornatus intravit, ita se gessit, acsi mittam legeret, tum se in puellam coniecit, quae per totum tempus mortuam se esse simulare debuit.« (Krafft-Ebing »Psychopathia sexualis« S. 83 f.)

Der Schwenk in die fremde Sprache ist ein Mittel der Beschönigung. Im Vorwort von 1902 schreibt er über das Buch: »Um seine Lektüre etwaigen Unbefugten zu erschweren und zu verleiden, wurde tunlichst von Terminis technicis [sic!] und lateinischer Sprache Gebrauch gemacht.« (Krafft-Ebing »Psychopathia sexualis«, Vorwort zur 12. Auflage) Selbstverständlich müssen es nicht ganze Sätze sein, auch einzelne Wörter gehen. Zum Beispiel wird die »Liebe auf Französisch«, der Sex mit dem Mund an den Geschlechtsorganen, mit »Fellatio« oder »Cunnilingus« verdunkelt. Das Skandalöse wird schamlos ausgesprochen und zwar in einem »Sprach-Raum«, in den nur humanistisch gebildete Akademiker eintreten dürfen: »Zutritt für Unbefugte verboten!«

Fremdsprachen lernen

Als ich zusammen mit Studienkollegen Altchinesisch lernte, machten wir uns einen Spaß daraus, deutsche Sätze mit chinesischen Wörtern zu versetzen. Konfuzius beendete – wie alle Chinesen über Jahrhunderte hinweg – einen Aussagesatz anstelle eines Punktes mit dem Wort »ye«, ein ausgesprochener Punkt gleichsam, weil es keinen Punkt für das Satzende gab. So sagten wir etwa »Das Buch liegt auf dem Tisch *yeahhh*. Im Kühlschrank ist Milch *yeahhh*« und verinnerlichten auf diese spielerische Art einen Teil der Grammatik der klassischen chinesischen Literatursprache.

Wer heute eine Fremdsprache lernt oder lehrt, dem mag diese bewusste Anwendung des Kauderwelsch als Novität, vielleicht sogar als kleine Revolution im Unterricht, oder als erfrischende Auflockerung und Ergänzung erscheinen. Die Methode ist aber schon über 100 Jahre alt. Gustav Langenscheidt verwendete sie bereits 1880. Und heute gibt es Verlage, die Lehrbuch-Serien mit der kauderwelschen Sprachmethode herausbringen.

Die Kauderwelsch-Technik kann ein Gefühl für den ungewohnten Satzbau einer Fremdsprache vermitteln. Man muss die Sätze der fremden Sprache Wort für Wort übersetzen, die originale Satzstellung möglichst bewahren und sich diszipliniert davor hüten, alles in ein flüssiges Deutsch zu übertragen. Sie können die spanische Grammatik zum Beispiel so lernen:

Original	Wortwörtlich übersetzt
No me gusta este libro.	Nicht mir schmeckt (gefällt) dieses Buch.
Se lo he dicho antes.	Ihr es habe gesagt vorher.
Ha salido hace un minuto.	(Sie/er) hat gegangen macht eine Minute.

Das Kauderwelsch hilft auch beim Vokabellernen. Lehrbücher für Kinder und Erwachsene mischen deutsche Wörter mit den fremden. Zum Beispiel so:

Vorher	Nachher
Ich gehe heim.	Ich gehe *home*.
Fahren wir mit dem Auto?	Fahren wir mit dem *car*?
Geben Sie mir bitte die Tomaten.	Geben Sie mir bitte die *tomatoes*.

Sagen Sie zum Beispiel »Wo sind meine *keys*?« (»Wo sind meine Schlüssel?«), wenn Sie Englisch lernen.

Spanisch: »Wo sind meine *llaves*?« Italienisch: »Wo sind meine *chiavi*?« Chinesisch: »Wo sind meine *yaoshi*?« Das geht am besten zu zweit oder in der Gruppe. Aus der Situation wird die Bedeutung sogar dann verstehbar, wenn einem das Wort noch unbekannt ist. Eine vergnügliche Art zu lernen.

Nützen Sie den Fehler

Bereichern Sie Ihren Humor um die Methode des Kauderwelsch. Das ist der beste Anfang. Versuchen Sie dann, ihn in Ihre Lerntechnik einzubauen. Es gibt, wie gesagt, Bücher zum Fremdsprachenlernen, die einem die Arbeit am Detail abnehmen. In der Kauderwelsch-Reihe des »Reise Know-How Verlags« gibt es zum Beispiel »Kauderwelsch, Spanisch Wort für Wort« und andere Sprachen.

Das Kauderwelsch kann furchtbar klingen, zugegeben. Würden wie durch ein Wunder plötzlich alle Anglizismen verschwinden, sprächen die Leute dann ein besseres Deutsch? Wohl kaum. Nichtsdestotrotz: Deutsch ist und bleibt die allerschönste Lengevitch!

3 | FRECHHEIT SIEGT!

Stellen Sie sich vor, zu einer Eröffnungsfeier ist ein Minister eingeladen. Sicherheitspersonal vor dem Eingang wacht darüber, dass nur Gäste mit Namensschild den Saal betreten. Sie selbst haben keines und Sie wollen dem Minister die Hand schütteln. Sie gehen zu dem Tisch, auf dem die Namensschilder für die Besucher bereitliegen, nennen der netten Dame einen Namen, den Sie lesen können, und bekommen ein Schild. Sie dürfen passieren. Sobald der Minister an seinem Platz sitzt, gehen Sie zu ihm hin und schütteln ihm die Hand. – Eine wahre Begebenheit! Was lernen wir daraus?

1. Frechheit bewegt sich in dem Bereich des juristisch Legalen, aber sozial Verbotenen.

2. Wer frech sein will, muss Spannung, Herzklopfen und Angst überwinden.

3. Frechsein kann trainiert werden in Situationen, auf die es nicht ankommt, für Situationen, auf die es ankommt.

4. Frechheit nimmt nicht Rücksicht auf das, worauf andere Rücksicht nehmen, hält Regeln nicht ein, die andere einhalten.

5. Frechheit eröffnet Möglichkeiten, die man sonst nicht hat, über die andere aufgrund der Rücksichtnahme und Regelbefolgung nicht verfügen.

6. Frechsein kann einem aufgrund der neuen Möglichkeiten Freude bereiten, Lebensmut verleihen und zuversichtlich stimmen.

Um die guten Frechheiten im Gegensatz zu den schlechten geht es in diesem Kapitel.

Gute und schlechte Frechheiten

Die Redewendungen »Frechheit siegt« und »Frech kommt weiter« drücken aus, dass uns das Frechsein im Leben manchmal weiterhilft. Bekannt ist auch das Buch »Gute Mädchen kommen in den Himmel, böse überall hin: Warum Bravsein uns nicht weiterbringt« von Ute Ehrhardt, die Frauen rät, frech zu sein, um weiterzukommen. Aber nicht jede Frechheit siegt oder bringt weiter: Manche Frechheiten sind einfach nur Frechheiten, die dem Betroffenen ein Problem schaffen, ohne der dreisten Heldin oder dem frechen Teufelskerl ein Problem zu lösen. Es gibt gute und schlechte Frechheiten, nützliche und unnütze, gescheite und dumme.

Sätze wie »Sie haben ja nicht einmal einen Titel!«, »Sie sind aber ganz schön fett!« oder gar »Sie dumme Sau!« sind schlechte Frechheiten, die sich eine Freiheit nehmen, die den anderen verletzt, und dem Sprecher, außer der Affektentladung, nichts bringen. Indem Sie die Grenzen der Höflichkeit überschreiten, bedeuten sie eine Art Gesetzlosigkeit und sind eine Grenzüberschreitung der Freiheit.

Wer Frechsein um alles in der Welt vermeiden möchte, wird die Wahrheit freilich in gewissen Situationen verstecken müssen. Gewiss, es mag wirklich stimmen, dass das Gegenüber keinen Titel besitzt oder fett ist. Nur hat bisher niemand gewagt, es ihm direkt ins Gesicht zu sagen. Wahrhaftigkeit, konsequent betrieben, mündet irgendwann in Frechheit. Der dritte Satz hingegen (»Sie dumme Sau!«) ist so allgemein, dass er jedem Menschen entgegengeschleudert werden kann. Er erkennt nichts, entwertet nur. Das ist keine Frechheit, sondern eine Beleidigung. Hier die Unterschiede in der Übersicht:

	Beleidigung	*Frechheit*
beleidigend:	ja	ja
normwidrig:	ja	ja
reine Affektentladung	ja	nein
erkennend:	nein	ja
wahrhaftig:	nein	ja

Zunächst sind es Kinder, die als frech bezeichnet werden. Wenn wir einen Erwachsenen als »frech« bezeichnen, so handelt es sich auch da um die Erwachsenen-Perspektive: Er soll wie ein »unfolgsames Kind« gemaßregelt werden.

Das Freche hat zwei Gesichter. Das Wort »frech« hieß ursprünglich »mutig« (Grimm'sche Wörterbuch). Es kommt auf den Standpunkt an, ob eine Handlung als mutig oder frech angesehen wird: Für die Lausbuben bedeutet das eine Mutprobe, was für den Fenstergucker, den Nachbarn, der sie beobachtet, eine reine Frechheit ist.

Die Frechheit ist relativ. Für die eine Partei bedeutet der Regelbruch etwas Positives, einen Vorteil. Für die andere etwas Schlechtes, weil er Regeln verletzt, die sie für verbindlich hält. Da jeder jederzeit jede Art von Regeln ersinnen und aufstellen kann – von nützlichen über zweifelhafte bis zu den absurdesten – tut jeder Mensch gut daran, ihm persönlich unsinnig erscheinende und nur einem gewissen egoistischen Personenkreis nützende Regeln frech zu brechen. Ich werde gleich zeigen, wie man sich dabei trotzdem ethisch korrekt verhält.

Gesetze sind Regeln, die für alle gelten und deren Übertretung der Staat bestraft. Im Gegensatz zu den Gesetzen, die amtlich verlautbart werden müssen, werden soziale Regeln nicht explizit festgeschrieben. Offensichtlich sind sie nicht wichtig genug, sonst würde sie die Gesellschaft zu Gesetzen machen. Deshalb lässt sich immer frech zurückfragen »Wo steht das geschrieben, dass ich das nicht darf?« Tatsächlich steht es nirgends geschrieben.

Entbinden Sie sich von der Verbindlichkeit unvernünftiger Regeln und machen Sie sich in Ihrem Handeln von ihnen unabhängig. Machen Sie es zum Beispiel wie Pippi Langstrumpf.

Frech und brav: Pippi und Annika – und was aus ihnen geworden ist

Kaum eine Figur des Frechen ist so lange beliebt gewesen und immer noch beliebt wie Astrid Lindgrens *Pippi Langstrumpf*. Sie ist das große Vorbild des Frechseins. Als ob sie Einblick in die verkehrte Welt geben wollte, geht Pippi zum Beispiel rückwärts. »Warum gehst Du rückwärts?«, wird sie gefragt. »Leben wir etwa nicht in einem freien Land? Darf man nicht gehen, wie man möchte?«, fragt sie zurück. Und tatsächlich: Sie nimmt sich eine Freiheit, die sich jeder nehmen könnte. Sie bricht eine Regel, aber ohne jemand zu schaden.

Pippi lebt allein. Sie geht zu Bett, wann sie will. Sie kleidet sich nicht, wie andere es von ihr erwarten. Sie hat keinen Respekt vor Lehrern und Polizisten. Und sie hat keine Angst. Pippi symbolisiert den Gegenpol zur Bravheit. Sie verkörpert eine Freiheit, die wir als Möglichkeit auch in uns selber spüren.

Annika, das Nachbarkind, ist das Gegenteil. Sie ist wohlerzogen, folgsam und lieb. Sie sieht ordentlich aus und macht sich nicht schmutzig. Sie murrt nie – sie tut auch das, was sie nicht will. Sie geht aber auch keine eigenen Wege und tut nur dann etwas, wenn andere sie mitziehen. Sie ist die Brave.

Aber das war früher. Pippi und Annika sind mittlerweile erwachsen geworden.

Annika sagt: »Wir haben früher bei jeder Unartigkeit den Popo voll gekriegt. Aber Mama und Papa haben auch erklärt, warum. Das ist wichtig. Und wir sind eigentlich sehr gut geraten.« Sie arbeitet in einer untergeordneten Position und meint, sie verdiene eigentlich nicht so viel, wie sie verdient. Wenn der Chef zu ihr sagt »Würden Sie so freundlich sein?«, würde sie gerne »Nein!« sagen, aber sie sagt immer »Ja, selbstverständlich.«

Pippi hat sich selbständig gemacht und ihr eigene Firma gegründet: Coaching für Frauen. Sie bietet Kurse an wie »Rhetorik für freche Frauen«, »Erfolgstraining für freche Frauen«, »Marketing für freche Frauen«, »Verhandlungsstrategien für freche Frauen«. Sie hat auch Bücher darüber geschrieben. Die verkaufen sich gut.

Annika hat Pippis Bücher gekauft und besucht ihre Kurse. Sie würde gerne mehr aus sich herausgehen, schlagfertiger sein, mutiger, mehr fordern, forscher auftreten. Sie wäre gerne eine Führungskraft und keine fleißige Biene. Pippi hat ihr den Tipp gegeben: »Die Kunst ist, sich frech zu verhalten, ohne dass es frech erscheint.« Sie meint, dass es darum geht, innere, eingebildete Regeln zu brechen, nicht äußere.

Innere Barrieren

Es gibt tatsächlich Ratgeberbücher für Frauen, die den Ausdruck »für freche Frauen« im Titel haben. Viele von uns leiden unter der eigenen Bravheit. Was sie vom Erfolg trennt, sind innere Barrieren: Eine unsichtbare Wand hindert sie daran, ihre Stärken auszuspielen und beruflich vorwärtszukommen.

»Frechheit« – ein Synonym ist »Chuzpe«. Das Wort stammt aus dem Jiddischen und bedeutet »Dreistigkeit«. Im Deutschen klingt das Wort positiv. Wann ist Chuzpe gefragt? Wann können wir zur Frechheit als Problemlösungsmittel greifen? Wo sind die Grenzen der Frechheit?

Die Situation, Frechheit als Problemlösungsmittel zu erwägen, besteht immer dann, wenn wir zu uns selber sagen: »So etwas tut man nicht!« Sie besteht dann, wenn man sich in Tagträumen ausmalt, was man tun könnte, wenn man nicht so rücksichtsvoll wäre. Es ist ein Verbot, das uns hemmt und dessen Übertretung Angst macht. In der Überwindung dieser Verbotsangst besteht die Chuzpe: Sie macht die Möglichkeiten tatsächlich möglich, sie wählt ohne Rücksicht das Mittel, das den Erfolg verspricht.

Ethisch meldet sich jetzt allerdings der Ruf nach Grenzen. Um die Grenzen einer »verantwortungsvollen Frechheit« zu ermitteln, können wir uns die folgenden fünf Fragen stellen:

1. *Schade ich anderen?*
2. Gefährde ich andere?
3. Schade ich mir selbst?
4. Gefährde ich mich selbst?
5. Tue ich etwas Gesetzwidriges?

Auf diese Weise können wir das Sperrgebiet erkennen. Wenn wir alle fünf Fragen mit Nein beantworten, dann ist es ein verinnerlichtes Verbot, das uns hemmt. Was ist das Hindernis? Wovor habe ich Angst?

Dreistigkeit hat nötig, wer selbstunsicher ist. Entweder kann ein Mensch etwas oder er kann es nicht. Entweder ist ein Mensch selbstsicher oder er ist es nicht. Ein Mensch, der etwas kann und selbstsicher ist, legt sein Können an den Tag, ohne sich selber Probleme zu machen. Ein unsicherer Mensch hingegen kann oft das, wozu er fähig ist, nicht durchführen, weil ihn ein innerer Widerstand daran hindert: Die Selbstunsicherheit hält einen Menschen von seinen eigenen Möglichkeiten ab. Darin liegt eine Chance: Man kann etwas, besitzt, im Gegensatz zu anderen, Fähigkeiten und muss sie nicht neu erwerben. Wer bereit ist, frech zu sein, überwindet sich selbst und ergreift seine Möglichkeiten. Und das lässt sich üben, wie ich gleich zeigen werde.

Menschen verbauen sich häufig selber die Lösung, schreibt Robert Arbinger in seinem Buch »Psychologie des Problemlösens«, und zwar aufgrund eines Verbots, das sie sich selber setzen. Das Verbot, das es eigentlich nicht gibt, verhindert die Lösung: »Der Problemlöser nimmt fälschlicherweise an, dass bestimmte Operationen verboten sind, und schließt diese vor jeder weiteren Betrachtung aus. [...] Anstatt nach dem Motto ›Alles, was nicht verboten ist, ist erlaubt‹ zu verfahren, neigen Problemlöser dazu, sich selbst ein Verbot aufzuerlegen.« (Arbinger »Psychologie des Problemlösens« S. 70 f.) Nicht immer sind die anderen schuld: In paradoxer Weise können auch selbstgemachte Regeln als von anderen auferlegt erscheinen, das heißt, *ich* habe sie gemacht und dennoch erscheinen sie mir so, als hätten sie mir *andere* eingeimpft. »So ist z. B. das Problem, aus 6 Streichhölzern 4 gleichseitige Dreiecke zu bilden [...], so lange unlösbar, wie man annimmt, dass die Dreiecke *in einer Ebene* liegen sollen (was nie gefordert war).« (S. 71)

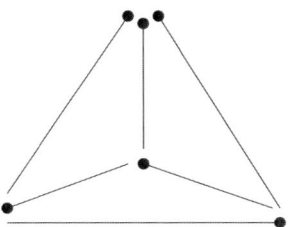

Die Lösung des Streichholzproblems

Beispiele für gute Frechheiten

Ratgeberbücher empfehlen, frech zu handeln, wenn es um »Beruf und Karriere« und »Selbst-Marketing« geht. Wir sollen auf die Erwartungen der Stellenangebote mit einem »Mehr Schein als Sein« antworten: Die Übertreibung der Anforderungen im Stelleninserat seitens des Arbeitgebers scheint die Übertreibung der Meriten seitens des Arbeitsuchenden zu rechtfertigen. In diesem Fall können tatsächlich alle Fragen mit Nein beantwortet werden: Sein Licht hell erstrahlen zu lassen, schadet niemandem.

Statt an einem Tanzabend unaufgefordert herumzusitzen und einsam zu versauern, kann die Dame die Regel brechen, dass nur Herren zum Tanz auffordern, und selbst einen Mann um einen Tanz bitten.

Im Straßenverkehr, wenn es darum geht, einen Parkplatz zu bekommen, schießen manche Autofahrer frech vor und nehmen einem die Parklücke weg, in die man gerade einfahren möchte. Sie übertreten zwar kein Gesetz, brechen aber die Regel der Rücksichtnahme. Wenn Sie regelmäßig das Opfer sind, dann kehren Sie den Spieß um und verschaffen Sie sich durch einen »Racheakt« Genugtuung. Sollte ein Streit entstehen, betrachten Sie ihn als Möglichkeit, Ihre Konfliktfähigkeit zu trainieren: Überwinden Sie die Blockaden, die aus zu viel Bravheit entstehen.

Wenn Sie, wie ich, eher in einer ländlichen Gegend aufgewachsen sind, in der das Grüßen selbstverständlich ist, so werden Sie sich vielleicht in der Stadt über das Nichtgrüßen im Wohnhaus oder am Arbeitsplatz ärgern. Wenn Sie hier Ihre eigene Regel brechen und ebenfalls frech nicht grüßen, dann lösen sie das »Grußproblem«.

Aggression, um ein letztes Beispiel zu nennen, sollte dazu eingesetzt werden, anstehende, längst fällige Veränderungen herbeizuführen. Wenn ich immer brav bin, immer »Everybody's Darling« spiele, dann bringe ich mich um ihren Nutzen. Statt mit Dritten über einen Ärger-Verursacher zu schimpfen, kann ich lernen, ihm meinen Ärger persönlich mitzuteilen. Schwierig wird das erst in einer Hierarchie: An Untergebene die Wut abzureagieren, ist feig. Gleich geordnete Personen lassen sich nichts gefallen. Höhergestellte können einem kündigen. Macht mich der Zustand krank? Wenn ja, dann muss ich etwas tun. Ich muss die Aggression in ein Ad-gredi verwandeln, in ein »Zu-Gehen« auf das Problem.

Die Aufforderung, frech zu handeln, soll es möglich machen, selbstgemachte Verbote, deren Übertretung niemandem schadet, und die eine Problemlösung verhindern, zu überwinden. Überlegen Sie besonders bei beruflichen Problemen, ob es nicht Regeln und Grenzen gibt, die Sie beachten, die aber nicht beachtet werden müssen. Prüfen Sie die Regeln: Stehen sie möglicherweise einer Problemlösung im Weg? Wer hat sie gesetzt? Sind sie sinnvoll? Würde ihr Nicht-Beachten jemand gefährden oder schaden?

Übungen

1. Kleiden Sie sich frech. Nehmen Sie sich die Freiheit, sich so zu kleiden, wie Sie wollen, nach eigenen Vorstellungen und Wünschen, lassen Sie zu, was Sie sich sonst verboten haben. Dabei wird besonders deutlich, dass wir Vorschriften in uns haben, deren Übertretung niemand schadet oder weh tut, im Gegenteil, andere werden es lustig und individuell finden.

2. Lassen Sie beim Schreiben die normative Korrektheit, die wir in der Schule gelernt haben, beiseite. Schreiben Sie »frisch und frech« über eventuell auftauchende Normgrenzen hinweg. Man muss nicht gleich »die Sau rauslassen«, um sich authentischer auszudrücken. Wie gefällt Ihnen eine neue Ausdrucksweise? Wie kommt sie an?

3. Üben Sie Ihre Schlagfertigkeit, indem Sie in Situationen, in denen Ihnen nichts passieren kann, »rotzfrech« werden. Bei der Schlagfertigkeit geht es nicht darum, *was* man sagt, sondern *dass* man etwas sagt. Denn oft kommt das Richtige automatisch. Sie üben damit für den Ernstfall, in dem es darum geht, eine innere Blockade, die Sie handlungsunfähig macht, zu überwinden.

4. Deuten Sie gewisse Regeln in einer Weise um, wie es jeder gute Jurist tut, der nicht neutraler Richter ist, sondern parteiisch. Er lässt die konkrete Situation im

Licht des Gesetzes erscheinen, deutet aber das Gesetz zu seinem eigenen Vorteil um. Üben Sie sich in der vielseitigen Anwendung allgemeiner Regeln.

5. Üben Sie generell das Frechsein in harmlosen Situationen, um den übertriebenen Gehorsam gegenüber verinnerlichten sozialen Einschränkungen abzubauen. Hier ein paar Anregungen:

a) Duzen Sie alle Leuten in den Geschäften. Oder, falls es ohnehin Usus ist, siezen Sie sie.

b) Werfen Sie sprichwörtlich Geld zum Fenster hinaus oder auf der Straße weg. Geringe Beträge natürlich. Beobachten Sie, was dabei in Ihnen vor sich geht und wie die Leute reagieren.

c) Gehen Sie in eine Kirche, nehmen Sie ein Liederbuch und singen Sie mit Inbrunst eines der Lieder, das Sie kennen. Bitten Sie einen Kirchgänger oder den Pfarrer um Hilfe beim Lesen der Noten.

d) Setzen Sie sich als »Gasthörer« in irgendeine für Sie interessante Vorlesung der Universität und stellen Sie auch »dumme« Fragen, wenn Sie etwas nicht verstehen.

e) Kramen Sie den Mülleimer in einer Fußgängerzone durch – im Anzug als Mann, im Kostüm als Frau.

f) Verweigern Sie während einer Routineuntersuchung beim Zahnarzt, wenn Sie keine Zahnprobleme haben, dass ein Röntgenbild gemacht wird. Man wird Ihnen zwar sagen, dass Röntgenstrahlen, die ihr Hirn durchdringen, harmloser sind, als die »Durchleuchtung« am Flughafen. Aber wissen Sie, wie gesundheitsschädigend diese ist? Bedenken Sie, dass Ärzte auch Geschäftsleute sind, die ihre teuren Apparate bezahlen müssen. Nicht jedes Röntgenbild ist notwendig. Sie üben damit ein wenig Mündigkeit gegenüber den »Göttern in Weiß«.

4 | STEIGERN SIE IHREN
  IGNORANZ-QUOTIENTEN!

Diese Handlungen sind von Ignoranz geprägt, und sie zu ignorieren gilt als Fehler: Einen Text überfliegen, Seiten überblättern, Bestseller nicht lesen, Weltnachrichten nicht verfolgen, Regierungspolitiker nicht kennen, Oskar-Filme nicht ansehen, Internet-Hypes nicht mitmachen, Markenartikel geringschätzen, Erfindungen nicht benötigen, kein Handy mit sich herumtragen, nicht Auto fahren, nicht Vollzeit arbeiten, Urlaubsparadiese nicht buchen, Sterne-Restaurants nicht besuchen, Stars nicht verehren, Stammtischabende meiden, Schönheiten nicht beachten, ohne Kleidermode auskommen, keine Karriere machen wollen und viele andere Unterlassungen mehr.

Es kann passieren, dass wir ihretwegen als »Ignoranten« bezeichnet werden. Die Kapazitäten aber sind begrenzt – wir müssen filtern: Diese Tätigkeiten verbrauchen Kraft und unsere Energie kommt nicht aus einer Hochspannungsleitung.

Nur wenn wir ignorieren, können wir unsere Ziele erreichen. Die Ignoranz hilft uns, uns ganz auf die Seite des Wesentlichen zu schlagen und das Unwesentliche außer Acht zu lassen.

Informations-Messies

Jede Information zeigt ein Stück Welt. Die Masse von Informationen nimmt zu. Wir können immer mehr von der Welt sehen.

Die Masse wird sichtbar, wenn wir im Internet nach einem gewissen Stichwort suchen: Zu jedem gibt es eine Fülle von Links, die auf Webseiten verweisen, die wiederum mit Links auf andere Webseiten führen, auf

Bilder und Filme sowie auf Literatur in Buchhandlungen und Bibliotheken. Bücher werden eingescannt, Handy-Filme zeigen Unfälle und Hinrichtungen, das Auto von »Google Street View« fotografiert die Straßen, die Wikipedia-Enzyklopädie erfasst jedes Thema, News können in allen Weltsprachen gelesen, gehört und gesehen werden.

Stellen Sie sich die Wohnung eines Messie vor. Sie erinnert an eine Mülldeponie: Unordnung total, alles aufgehoben, nichts aussortiert, nichts weggeworfen. Ebenso würde es uns mit den Informationen gehen, wenn wir das Nützliche nicht vom Unnützen trennten.

Nicht-Wissen und Nicht-wissen-Wollen sind in dieser Situation keine Schande, sondern das Normale, das Gesunde. Jeder wird für jeden zum Ignoranten, sofern sich die Interessengebiete nicht decken. Was wir ändern können, ist unsere Einstellung: Ohne Ignoranz verlieren wir die Orientierung, mehr noch, wir werden handlungsunfähig.

Handlungsunfähigkeit

Wenn wir versuchen, alle Informationen zu verarbeiten, alle Angebote, die uns die Konsum-, Unterhaltungs- und Kulturindustrie anbietet, zu nutzen, dann werden wir wie Menschen mit einem Aufmerksamkeits-Defizit-Hyperaktivitäts-Syndrom, kurz »ADHS«.

Kinder mit ADHS sind typischerweise fernseh- und internetsüchtig, Computer und Gameboy sind ihre liebsten Spielzeuge. Ihre Merkmale:

1. Sie haben Schwierigkeiten, die Aufmerksamkeit bei Aufgaben oder Spielen längere Zeit aufrechtzuerhalten. Der ständige Wechsel in den Medien kommt ihren kurzen Aufmerksamkeitsspannen entgegen. Sie beschäftigen sich nur widerwillig mit Aufgaben, die länger dauernde geistige Anstrengungen erfordern.

2. Es ist ihnen nur eingeschränkt möglich, ausdauernd auf ein bestimmtes Ziel hinzuarbeiten. Sie lassen sich durch äußere Reize leicht ablenken, besonders durch neu auftauchende. Sie wechseln zwischen den Aktivitäten, wenn mehrere zur Auswahl stehen, und zwar möglichst gleichzeitig: Sie rennen durch den Raum oder zappen durch die Kanäle des Fernsehers.

3. Sie beachten Einzelheiten nicht und machen Flüchtigkeitsfehler. Gleichzeitig achten sie auf unwesentliche Details.

4. Sie können Arbeiten und Pflichten nicht erledigen: Sie fangen alles an, bringen nichts zu Ende.

Würden wir uns der Informations- und Angebotsflut hingeben, dann würden wir handlungsunfähig in dem spezifischen Sinn, den das ADH-Syndrom vorgibt: Wir würden uns schlecht und nur kurze Zeit konzentrieren können; alles anfangen und nichts zu Ende bringen; uns ständig ablenken lassen und zwischen verschiedenen Zielen hin- und herspringen; wiederholt Flüchtigkeitsfehler machen und oft vergesslich sein; ein kunterbuntes Detailwissen besitzen und kein Fachwissen. Und aus all diesen Gründen würden wir Aufgaben nicht planen, strukturieren, organisieren und in der vorgegebenen Zeit erledigen können.

Die »Überkonzentration«, das Hyperfokussieren, ermöglicht im Gegensatz zur Unaufmerksamkeit das lange, ausdauernde und vertiefte Arbeiten an einem bestimmten Thema. Mitunter geht es so weit, dass solcherart getriebene Schüler ihre Lehrer mit immer weiteren Detailfragen nerven, also selbst dann nicht ablassen können, wenn sie sich einem anderen Themengebiet zuwenden sollen. Das eine Interesse ist im Vordergrund und alle anderen rücken in den Hintergrund. Hochmotiviert und hellwach können sie ein Thema schnell durchdringen, auch am Rande erwähnte Details aufnehmen und ohne Pause lange und intensiv durcharbeiten.

Einseitigkeit und Begeisterung sind zwei Ingredienzen für den Erfolg, manchmal auch den ökonomischen. Wenn wir erfolgreich sein wollen, dann müssen wir einseitig werden und diszipliniert abhalten, was uns von der Arbeit an unserem Ziel ablenkt. Wer begeistert ist, nimmt einen Wert »in Acht« und lässt alles andere »außer Acht«. Eine Leidenschaft wie etwa das Fliegen kann dazu führen, dass jemand mit Modellflugzeugen beginnt, den Pilotenschein macht und eine Firma für Sportflugzeuge eröffnet, die zunehmend expandiert, weil die Kunden in dem Besitzer die gleiche Begeisterung spüren, die sie selbst erfasst hat.

Der Ignoranz-Quotient

Der *Intelligenz*-Quotient bestimmt, wer mehr Aufgaben schneller und fehlerloser durchführen kann als andere. Die Beurteilungskriterien sind Aufgabenmenge, Tempo und Exaktheit – und immer geht es darum, besser als die Konkurrenten zu sein.

Der *Ignoranz*-Quotient bestimmt, wer genauer weiß, welches Wissen er nicht benötigt. Die Ignoranz ist genau, wenn sich später herausstellt, dass ein bestimmtes Wissen tatsächlich nicht benötigt worden ist. Die Ignoranz ist umso effektiver, je größer die ungebrauchte Wissensmenge ist, die sie ausschließt. Wer bessere Zukunftsprognosen abgibt und wer mehr unnötige Aufgaben im Vorhinein vermeidet, der hat einen höheren Ignoranz-Quotienten als seine Mitstreiter.

Der Intelligenz-Quotient ist eine Verhältniszahl: Die Zahl aus dem Intelligenztest einer Person wird verglichen mit der Durchschnittsintelligenz ihrer Altersgruppe. Analog müsste die Zahl aus einem Ignoranztest verglichen werden mit der durchschnittlichen *Ignoranzintelligenz* der entsprechenden Altersgruppe. Wer darf in diesem Sinn als intelligent gelten?

1. *Schule.* In der Schule wird unnützes neben brauchbarem Wissen gelehrt. Besonders Eltern, die ja

schon wissen, was man fürs Leben benötigt, sind oft unglücklich darüber, welch' unnützes Wissen ihre Kinder lernen müssen. Je weniger unnützen Lehrstoff eine Schule von ihren Schülern verlangt, umso intelligenter ist sie im Sinn des Ignoranz-Quotienten.

2. *Universität.* Viele, die ein Studium absolviert haben und im Beruf stehen, können rückblickend eine Menge unnützer Kenntnisse von einer Menge wichtigen Wissens unterscheiden. Es gibt Lehrstoff, den die Studenten nur lernen, um eine Prüfung zu bestehen, danach aber vergessen wollen, weil sie im Weiterbehalten keinen Sinn sehen. Je weniger »Bulimie-Wissen« die Lehrkräfte einer Universität verlangen, umso intelligenter agieren sie.

3. *Prüfungen.* Eine Taktik, auf eine Prüfung zu lernen, besteht darin, einen Teil des Stoffs auszulassen. Es ist ein Glücksspiel, zugegeben: Hat der Prüfling Pech, dann kommt eine Frage aus dem Nichtgelernten, hat er Glück, dann kann er in dem brillieren, worauf er sich konzentriert hat. Wer genauer mehr Lernstoff vorhersagen kann, der nicht geprüft werden wird, der ist im Sinn des Ignoranz-Quotienten intelligenter.

4. *Lesen.* Zu jedem Thema, das uns interessiert, gibt es eine Unzahl von Texten. Wir müssen herausfinden, in welchen das steht, was wir brauchen. Wir müssen die besser geschriebenen von den schlechteren unterscheiden. Und wenn wir sie gefunden haben, müssen wir das Wesentliche vom Unwesentlichen etwa durch Unterstreichungen trennen. Wer mehr unnütze Suche und unergiebiges Lesen vermeidet, ist schlauer.

5. *Schreiben.* Welche Wörter in einem Satz, den wir schreiben, können wir weglassen, weil sie nichts Wesentliches enthalten? Welche Sätze in einem Absatz sind überflüssig? Welche Absätze weichen vom Thema ab? Geht es um Sachliteratur, dann gilt: Je knapper und prägnanter wir formulieren, je mehr wir das Thema fokussieren, also je mehr Blabla wir weglassen, desto intelligenter ist unser Stil.

6. *Fachspezialist.* Je genauer ein Fachspezialist, etwa ein Mediziner, weiß, welches von dem wachsenden Wissen seines Fachs er nicht benötigt, umso mehr Kräfte spart er für seine praktischen Aufgaben, umso höher ist sein Ignoranz-Quotient.

7. *Firmen.* Je genauer eine Firma weiß, welches Wissen sie nicht benötigt, umso höher ist auch ihr Ignoranz-Quotient. Sie verschwendet die Zeit ihrer Mitarbeiter nicht mit Fortbildungskursen, die nichts bringen. Sie setzt ihre Mitarbeiter nicht in Sitzungen, die sie nichts angehen. Sie reduziert die Datenmengen, die archiviert werden müssen. Sie schüttet ihre Manager nicht mit Reporting-Material zu, das sie nicht nützen können.

8. *Regierung.* Der Ignoranz-Quotient einer Regierung ist umso höher, je weniger unnützes Wissen sie gesetzlich verlangt. Wie beispielsweise in den Gesetzen zum Lehrstoff der Schulen und Universitäten.

Die Höhe des Ignoranz-Quotienten besteht darin, exakter als andere zu wissen, was man nicht zu wissen braucht. Mehr zu wissen, als wir benötigen, um ein bestimmtes Ziel zu erreichen, kostet uns Kraft, Zeit und Geld.

Fangen Sie an, die Ignoranz ernst zu nehmen. Planen Sie Ihre Strategie. Beraten Sie sich mit anderen. Organisieren Sie ein Ignoranz-Meeting, in dem Sie festsetzen, welches Wissen Sie für Ihr Projekt nicht benötigen. Und wenn Sie eine To-do-Liste anfertigen, setzen Sie Not-to-do-Punkte darauf:

1. + Lampe reparieren.
2. + Duschvorhang reinigen.
3. − Ein Buch wegtun, das ich nie lesen werde.
4. − Das Zeitschriften-Abo abbestellen.
5. − Heute keine Online-Nachrichten lesen.

Handeln durch Nicht-Handeln!

5 | WARUM ESEL UND KÜHE DIE BESSEREN ZUHÖRER SIND

Esel, Gans, Huhn, Hammel, Kamel, Kuh, Ochse, Schaf und Ziege – sie alle haben etwas gemeinsam: Sie leiden nicht unter einem Sinnstau in ihren Hirnen, der andere Leute ständig unterbricht und einem ständig sagt, was man besser machen könnte. Sie lassen einen ausreden und halten sich aus aller Weltverbesserei raus. Sie akzeptieren einen so, wie man ist – sofern man ihnen Futter bringt.

»Einfallsreichtum«, zu jedem Thema einen Einfall haben, gilt als etwas Gutes, Einfallslosigkeit als dumm. G. W. F. Hegel hingegen lobt die Einfallslosigkeit als Verdienst, und zwar dann, wenn es um methodisches Denken geht, das nur diszipliniert funktioniert.

Kriegerischer Einfall

»Plötzliche«, »schnelle«, »kluge«, »gute«, »glückliche« Einfälle können wie kriegerische Einfälle wirken, wenn sie einen Gedankengang oder eine Rede unterbrechen. Sie zerstören etwas. »Apropos. Da fällt mir gerade ein.« Ein Wort wird zum Stichwortgeber für eine Reihe neuer Gedanken. Das eigentliche Thema wird wie eine Billardkugel weggeschossen und durch ein anderes ersetzt. Im inneren Dialog können wir auch uns selbst »ins Wort fallen«.

Hegel schreibt 1831 in der »Wissenschaft der Logik«: »Was der Sache nach stattfinden [sollte, wenn man etwas konsequent durchdenken will], wären negierende Reflexionen, die das abzuhalten und zu entfernen sich bemühten, was sonst die Vorstellung oder ein ungeregeltes Denken einmischen könnte. Solche Einfälle sind für sich zufällig. [Sie liegen] außer[halb] der Sache. Die eigentümliche Unruhe und Zerstreuung unseres modernen Bewusstseins lässt es nicht anders zu, als auf naheliegende Reflexionen und Einfälle Rücksicht zu nehmen.« (Hegel »Wissenschaft der Logik« Bd. I, S. 31)

Man kann den »Einfall« in diesem Sinn mit einem Bild Homers veranschaulichen, der in der »Ilias« das Eindringen Hektors in das Lager der Griechen beschreibt. Der »einfallende Gedanke« gleicht dem Stein, den Hektor auf das Tor schmettert: »Hektor nun trug aufraffend den Feldstein, welcher am Tore dastand [...] und warf gestemmt [ihn] auf die Mitte. [...] Schmetternd zerbrach er die Angeln umher, und es stürzte der Marmor schwer hinein, dumpf krachte das Tor; auch die mächtigen Riegel hielten ihm nicht, und die Bohlen zerspalteten hiehin und dorthin unter des Steines Gewalt. Und es sprang der erhabene Hektor furchtbar hinein, wie das Grauen der Nacht« (12. Gesang, Übersetzung J.H. Voss). Themenwechsel brutal.

Gute und schlechte Einfälle

Es gibt gute und schlechte Einfälle. Die geforderte Einfallslosigkeit bezieht sich selbstverständlich nur auf die schlechten. Hier die Unterschiede im Überblick:

Gute Einfälle	Schlechte Einfälle
– gehören zum Thema	– lenken vom Thema ab
– verlangen Konzentration	– sind Ergebnis von Disziplinlosigkeit
– anstrengend	– mühelos
– logisch	– assoziativ
– bringen die Sache zur Geltung	– bringen einen selbst zur Geltung

Besprechung

Ich wechsle von der Philosophie in die Arbeitswelt. Wenn jemand in einer Sitzung oder Konferenz die ganze Zeit nichts sagt, dann muss das nicht bedeuten, dass es sich um einen »Einfaltspinsel« handelt. Im Gegenteil, vielleicht hat es diesen Menschen mehr Anstrengung gekostet, seine Einfälle zurückzuhalten, und er hat dadurch mehr zum Fortkommen der Diskussion beigetragen, als wenn er etwas gesagt hätte.

Die folgenden Überlegungen sollen Ihnen helfen, Zeit und Geld zu sparen. Ich habe Betriebsspionage betrieben und die Angestellten der Firma »Maxprofit Limited« bei einer Besprechung belauscht. Sie dauerte zwei Stunden und führte zu keinem Ergebnis. Da fünf Teilnehmer anwesend waren, wurden 10 Arbeitsstunden vergeudet.

Leitgeber: Etliche Kunden haben sich beschwert.

Unterndorfer: Ja, ich habe schon mit dem Herrn Kafka von der technischen Abteilung gesprochen. Der konnte mir noch nichts Genaues sagen.

Mobby (unterbricht): Immer dieser Kafka, der geht mir schon auf die Nerven.

Hinz (bemerkt nebenbei leise): Was die eigentlich immer den ganzen Tag machen, frage ich mich.

Leitgeber: Hat jemand eine Idee, was man tun könnte?

Unterndorfer: Man müsste überhaupt die ganze Organisationsstruktur ändern. So, wie es momentan läuft, kann es nicht weiter gehen! (Er fasst sich, schwenkt vom Emotionalen zum Rationalen und zeigt sein Wissen:) Das ist ein organisatorisches Muster, das man »Mr. Nice Guy« nennt. Ein »netter Typ« ist einer, der immer recht freundlich tut, aber nie etwas macht. So ist Kafka.

Mobby: Sehr richtig! Genau so ist es!

Nebinsky: Ich glaube, es ist eher wie ein »Potemkinsches Dorf«. Die Abteilung hat große Defekte und Mängel, und das verbergen sie hinter einer schönen Fassade. (Nun entspinnt sich eine Diskussion ...)

Leitgeber: Zurück zur Sache. Was können wir nun konkret tun?

Beobachten Sie bei einer Besprechung, in der es um Klärung und Entscheidung geht, wie die Gedanken der Teilnehmer vom eigentlichen Thema abschweifen.

Gibt es überhaupt ein Thema, eine ausformulierte Frage mit einem Fragezeichen? Sicherlich gibt es einen Anlass. Oft ersetzt der Anlass – hier die Beschwerde der Kunden – die Frage.

Eine Besprechung ist eine Gesprächsform mit klar benennbaren Regeln. Sie muss – im Gegensatz zu einer Unterhaltung – sachlich sein und zu einem Ergebnis führen. Der Gesprächsleiter muss das verworrene Problem in einer Frage formulieren. In jeder Frage stecken Wissen und Nicht-Wissen: Je mehr Wissen in ihr steckt, umso spezifischer ist sie, je spezifischer sie ist, umso leichter lässt sie sich beantworten. Die Frage muss zunehmend konkretisiert werden, indem der Leiter die Ansichten der Teilnehmer einarbeitet und laufend die Frage umformuliert.

Eine Besprechung soll durchgehend zielbestimmt sein und sich auf die Beantwortung der Themafrage richten. Nur derjenige soll sich zu Wort melden, der dazu etwas beitragen kann. Ohne eine Frage im Zentrum des Gesprächs, deren Beantwortung Sie immer wieder einfordern, öffnen Sie dem Aus- und Abschweifen Tür und Tor. Dann übernehmen sogenannte Auslösewörter, englisch »trigger words«, die Leitung des Gesprächs, das sind Reizwörter, die neue Gesprächssequenzen auslösen. Es handelt sich um Einfälle in der doppelten Bedeutung von »gedanklicher« und »kriegerischer« Einfall.

Auch wer zu einer Besprechung eingeladen werden soll, hängt von der Frage ab. In dem Beispiel hat der Leiter es verabsäumt, Herrn Kafka einzuladen, der offensichtlich über das Problem Bescheid weiß. Es sollen alle Personen eingeladen werden, die »Leerstellen« der Frage auffüllen können. Jeder, der das nicht kann, erhöht die Wahrscheinlichkeit von Einfällen im schlechten Sinn. Wenn Sie zu einer Besprechung einladen, tun Sie Folgendes:

1. Formulieren Sie eine Frage oder einen Katalog von Fragen. Versuchen Sie die Fragen so konkret wie

möglich zu stellen. Recherchieren Sie, sammeln Sie die Informationen, die helfen, die Fragen zu präzisieren.

2. Laden Sie alle Personen ein, die etwas zur Beantwortung der Fragen beitragen können – und sonst niemand.

3. Schreiben Sie eine Themafrage für alle sichtbar auf. Schreiben Sie nach und nach die Frage um, indem Sie sie mit Hilfe des Wissens der Teilnehmer konkretisieren. Eventuell ergeben sich neue Fragen, die andere Teilnehmer und neue Besprechungen erfordern.

4. Disziplinieren Sie die Gespräche. Sie sollen sich um die Beantwortung der Fragen drehen. Betrachten Sie Einfälle, die nichts damit zu tun haben, als feindliche Überfälle.

5. Die Hauptfragen zu beantworten, ist das Ziel der Besprechung. Mindestens sollten Sie am Ende der Besprechung das Problem konkreter fassen können.

Wie bewahre ich mich davor, zu viel zu schreiben?

Die Frage ist das Zaubermittel, um sich auch beim Schreiben vor Ausschweifungen zu schützen – sofern man das will, denn Essays und Glossen nutzen Ausschweifungen als Stilmittel.

Formulieren Sie zu jeder Überschrift eine Frage. Wenn es sich um einen Artikel, eine Seminar-, Magister- oder Doktorarbeit oder um ein Sachbuch handelt, dann stellen Sie die Frage, die Sie mit der Schrift beantworten wollen. Wieder gilt die Regel: Je mehr Wissen in der Frage steckt, je konkreter sie ist, umso besser.

Was für das Ganze gilt, gilt auch für die Teile. Jedes Kapitel und jeder Abschnitt soll eine Frage behandeln. Und ebenso deren Teile bis hin zum Absatz.

Sie können hernach die Fragen wieder löschen oder im Text unterbringen. Wichtig ist nur, dass Sie sich von ihnen leiten lassen. Sie ersparen sich dadurch, dass der

Text an Volumen zunimmt und Sie im Nachhinein kürzen müssen.

Wie kann ich besser zuhören?

Das Zuhörenkönnen, das in unserer Zeit oft gefordert wird, besteht in einer selbstauferzwungenen »Einfallslosigkeit«. Ich soll nicht das denken und besprechen, was mir einfällt, sondern den Gedanken meines Gesprächspartners folgen.

Das Zuhörenkönnen scheitert oft daran, dass einem zu dem, was der andere sagt, etwas einfällt. Entweder möchte man es sofort mitteilen oder ist damit beschäftigt, es sich zu merken, um es später einzubringen. Entweder unterbricht man dann oder spinnt seine eigenen Gedanken. Einfallsreichtum ist in dieser Situation ein Konzentrationskiller.

Wenn es einem gelänge, sich nach fernöstlichem Vorbild im Innern leer zu machen, dann hätte man die besten Voraussetzungen, zuzuhören.

Wie bleibe ich zielstrebig?

Gedankliche Einfälle sind zufällig. Sie können brillant sein, aber nichts zur Beantwortung einer praktischen oder theoretischen Frage beitragen. Wenn Sie ihnen nachgehen, dann lassen Sie sich vom Zufall leiten. Wenn Sie methodisch vorgehen wollen, dann sollten Sie den Zufall möglichst ausschließen, selbst wenn Sie dabei Edelsteine opfern müssen.

Vereinfachungen: Jeder von uns liebt sie und jeder von uns hasst sie. Als Unwissende sind wir dankbar für einfache Erklärungen des Komplizierten; als Experten hingegen ärgern wir uns über das anmaßende Zerrbild der komplexen Wirklichkeit. Wenn wir etwas erklären, dann sollten wir vereinfachen.

Was geschieht in einer Vereinfachung? Was muss ich tun, um zu vereinfachen? Und wie mache ich aus der falschen Vereinfachung eine Tugend?

Beispiel: Geschichte des Jazz

Als Beispiel für eine Vereinfachung habe ich die Geschichte des Jazz gewählt. Der Jazz entsteht um 1890. Verschiedene Stile entwickeln sich ungefähr alle 10 Jahre. Jemand, der keine Ahnung vom Jazz hat, versteht die folgende Grafik sofort. Ein Jazzmusiker hingegen wird Bedenken äußern.

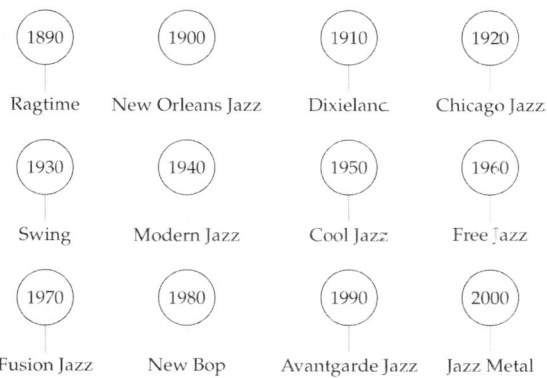

Geschichtsschema des Jazz

Die Darstellung wendet ein Schema an. Es besteht aus 12 Bezeichnungen in der Abfolge von »10-Jahres-Schritten«.

Das Schema – das ist das Einfache. Was ist ein Schema? Ein Schema ist ein Gedanke. Ein Gedanke, den wir entweder schon haben und nur auf das zu Verstehende zu übertragen brauchen oder ein Gedanke, dessen Neubildung uns leicht fällt. Wir stecken ihn in die Wirklichkeit hinein und tun so, also ob er tatsächlich darin vorhanden sei. Denken und »Sein« werden eins, wie in der alten Philosophie des Idealismus. Wie mit einem Diaprojektor werfen wir Kreise, Vielecke und Linien an die Wand der Wirklichkeit und tun so, als ob sie darin als Strukturen eingemeißelt sind.

Die Vertrautheit mit dem Schema erzeugt den Eindruck der Vertrautheit mit der Wirklichkeit. Die Wirklichkeit ist selbstverständlich viel komplizierter: Wenn man in dem Beispiel zu jedem Stil etwa drei seiner Vertreter und ihre Stücke analysiert, dann wird man feststellen, dass die tatsächlichen Anfänge der neuen Stile nicht in das Schema passen können, weil die Stücke zu anderen Zeiten entstanden sind. Auch die Namen der Stile sind nicht eindeutig, zu den meisten gibt es noch andere Bezeichnungen. Wir stoßen Fragen an, deren Beantwortung intensive Recherchen erfordern. Wir betreten das »Institut für Musikwissenschaft«. Die Einfachheit erlischt.

Vereinfachen durch Auslassen

Ich kann vereinfachen, indem ich zum Beispiel aus einem Buch Kapitel streiche, aus einem Kapitel Absätze, aus einem Absatz Sätze, aus einem Satz Worte und aus einem Wort Silben. Ich lasse eine Masse an Sinngebilden aus. Und zwar Wiederholungen, Nebenthemen, Diskussionen und Details.

Wiederholungen. Was als Variation eines Gedankens angesehen werden kann, langweilt und ermüdet. Ein bekannter Witz verliert den Witz. Deshalb lasse ich Wiederholungen aus.

Nebenthemen. Jede »Information« – Zeitungsartikel, Webseite, Buch – muss darüber informieren, worüber sie informiert. Sie muss die Frage beantworten: Worum geht es? Im Vereinfachen lasse ich Abweichungen vom Hauptthema aus, so interessant sie sein mögen.

Diskussionen. Ich lasse Streitfragen aus. Wenn etwa der Beginn einer Dynastie in China in verschiedenen Büchern verschieden angegeben wird, dann schließe ich mich der Mehrheit an. Wenn es mehrere wissenschaftliche Theorien oder persönliche Meinungen gibt, werde ich eine auswählen, ohne die Wahl mit Pro und Contra zu begründen. Ich lasse gewiss erscheinen, was ungewiss ist. Ich werde dogmatisch.

Details. Ich lasse die feinen Unterschiede aus. Im Deutschen gibt es beispielsweise die Grünnuancen: armeegrün, avocadogrün, berggrün, blassgrün, blattgrün, braungrün, chlorgrün, dschungelgrün, dunkelgrün, efeugrün, erbsengrün, eukalyptusgrün, farngrün, flaschengrün, froschgrün, frühlingsgrün, gallengrün, gelbgrün, giftgrün, grasgrün, graugrün, heidegrün, hellgrün, jadegrün, kadmiumgrün, khaki, kieferngrün, kobaltgrün, kupfergrün, laubgrün, lindgrün, lodengrün, maigrün, meergrün, minzgrün, moosgrün, natogrün, neongrün, olivgrün, opalgrün, pastellgrün, patinagrün, pistaziengrün, polizeigrün, saftgrün, salatgrün, schilfgrün, schimmelgrün, schmutziggrün, seegrün, smaragdgrün, spinatgrün, stachelbeergrün, tannengrün, turmalingrün, waldmeistergrün, wassergrün und zederngrün. Vereinfachend werde ich stracks »grün« sagen. »Grün« ist etwa gegenüber »schimmelgrün« das abstraktere Wort. »Grün« – ich betone es ausdrücklich – kann, wie die Beispiele zeigen, ein Abstraktum sein. Jede Abstraktion verschweigt Details – und verdeckt Nichtwissen; ich weiß zum Beispiel nicht, um welches Grün es sich genau handelt.

Dilemma: Rücksichtslos gegen die Zuhörer oder rücksichtslos gegen die Wirklichkeit?

Vor dem Vereinfachen stehen wir im Dilemma: Entweder wir werden rücksichtslos gegenüber unseren Zuhörern und drücken Kompliziertes kompliziert und Komplexes komplex aus; oder wir werden rücksichtslos gegenüber der Wirklichkeit, indem wir uns nach dem Auffassungsvermögen unseres Gegenübers richten. Die Lösung besteht darin, dass wir in der Rolle als »Sprecher« unseren Zuhörern sagen, dass wir vereinfachen und sie bitten, sich später genauer mit dem Thema zu beschäftigen. Wir nennen ihnen weiterführende Quellen. In der Rolle als »Zuhörer« sollten wir uns wiederholt mit dem gleichen Thema beschäftigen. Wenn uns später selbstverständlich erscheint, was uns ehemals neu war, werden wir bereit sein, mehr Neues aufzunehmen.

Wie wird aus dem Falschen eine Tugend?

Vereinfachen besteht im Erfinden und Projizieren von Schemen, im Vermeiden von Wiederholungen, im Auslassen von Nebenthemen, in der dogmatischen Ablehnung von Diskussionen, im Absehen von Details und in der Bereitschaft, sich rücksichtslos gegenüber der »Wahrheit« und sich dafür rücksichtsvoll gegenüber den Zuhörern zu verhalten. Gutes und Böses mischen sich.

Der erste Schritt, um aus dem Falschen eine Tugend zu machen, besteht im Wissen um das Tun: Wir müssen uns klar sein, wann wir ein »geometrisches Schema« konstruieren und es der Wirklichkeit unterstellen, und wann wir unser »Wissen« dogmatisch vortragen und fachliche Kontroversen ausschließen.

Der zweite Schritt besteht darin, die Vereinfachung anzukündigen, bevor wir sie machen: »Ich werde, bitte verzeihen Sie mir, gleich fürchterlich vereinfachen, wenn ich die Geschichte des Jazz auf ein einfaches

Schema bringe.« Auf diese Weise vermeiden Sie den Unmut der Experten.

Der dritte Schritt besteht darin, zu einer wiederholten Beschäftigung mit dem Thema anzuregen, und Webseiten und Bücher zu nennen, die in die Tiefe führen.

»Am 1. Juli des Jahres 152.321 vor Christus zogen Wol-
ken über die Alpen.« – Ich habe diesen Satz erfunden,
gerade eben. Ich bin überzeugt, er ist wahr. Wie könnte damals auch kein Wölkchen über den Alpen schwe-
ben?

Eine reine Spekulation, eine reine Gedankengeburt.
Keine beobachtbare oder nachweisbare Erfahrung und
doch wahr – oder zumindest wahrscheinlich.

Das Spekulieren ist in Verruf. Es gilt als falsch, un-
bewiesene Behauptungen aufzustellen über Sachgebiete, in denen man keine Erfahrungen vorzuweisen hat.
Ich möchte zeigen, welche Regel Sie beachten müssen,
um eine Spekulation »wahrer« zu machen und wie sie
hilft, die Menschen und uns selbst zu verstehen.

Die Regel der Abstraktion

Gebratene Ente ist eine Lieblingsspeise von mir. Zumindest im Chinarestaurant. Weil sie mir so gut
schmeckt, unterstelle ich, dass sie anderen ebenso gut
schmeckt, und meine, sie müsse auch zu den Lieblingsspeisen anderer gehören. Ein Schluss von mir auf andere.

Die Behauptung lässt sich leicht widerlegen, indem
man andere Menschen nach ihren Leibgerichten fragt:
Wenn sich das Gericht nicht darunter befindet, ist sie
falsch.

Wie kann dieser Schluss, diese Spekulation, wahr-
scheinlicher gemacht werden, gültiger, so dass sie
eher zutrifft? Ich formuliere allgemeiner:

Ich habe eine Lieblingsspeise X. Ich schließe von mir auf andere, dass sie ebenfalls eine bestimmte Lieblingsspeise haben, entweder diese oder eine andere.

Ich habe aus »gebratene Ente« die Variable X gemacht und meine ein beliebiges Element aus der Menge aller Lieblingsspeisen. Ich lasse offen, um welche Lieblingsspeise es sich bei mir und den anderen handelt, und lasse ebenfalls offen, ob es sich um die gleiche wie bei mir oder eine andere handelt.

Vergleichen Sie die beiden Aussagen. Sicherlich werden Sie mir zustimmen, dass die zweite plausibler ist. Die Steigerung der Wahrscheinlichkeit ist durch Abstraktion zustande gekommen. Wenn eine Spekulation wenig plausibel klingt, dann versuchen Sie, auf der Leiter der Abstraktion höher zu steigen. Sie können dadurch, wie in dem Beispiel gezeigt, sogar aus einem falschen Schluss eine Vermutung machen, deren Berechtigung Ihnen niemand absprechen kann.

Beispiel: Körperpflege

Von den einfachsten Handlungen des eigenen Alltags lässt sich auf den Alltag fremder Völker und vergangener Zeiten schließen, und zwar in plausibler Weise, sofern wir in die dünnere Luft der Abstraktion klettern.

1. Ich putze mir die Zähne, ich wasche mich.

2. Ich schließe von mir auf die Menschen anderer Zeiten und Kulturen, dass sie ebenso wie ich eine Art von Reinigung ihres Körpers vorgenommen haben. Ich behaupte aber nicht im Konkreten, wie sie das gemacht haben, sondern abstrahiere davon.

3. Es entsteht die Frage, ob und wie sie sich gereinigt haben.

4. Ich sehe auch, dass sich eine Hauskatze selbst reinigt. Reinigen sich auch Mikroorganismen? Ich spekuliere, dass sich alle Tiere in irgendeiner Weise selbst reinigen. Die Frage entsteht: Wenn ja, in welcher?

5. Um die Lebewesen in ihrem Leben zu begreifen, spielt die Frage der Selbstreinigung – so spekuliere ich – eine universale Rolle.

Fragen

Das vorige Beispiel zeigt, wie das Spekulieren Fragen aufwirft. Die Fragen sind nicht willkürlich, sondern greifen von bekannten Vorstellungen geleitet in das Nichtwissen hinaus.

Ohne Spekulation wären mir die Fragen nicht eingefallen. Der Bereich des Wissens und der des Nichtwissens haben etwas gemeinsam, nämlich die »geometrische Figur« des abstrakten Gedankens: Ich weiß um meine Körperpflege, und ich übertrage das Abstraktum »Körperpflege« zum Beispiel auf die »alten Chinesen«.

In meinem Alltag, also im Bereich des »Wissens«, habe ich den abstrakten Gedanken konkret gemacht: Ich weiß, wie ich mich pflege. Und im Bereich des Nichtwissens frage ich nach der Konkretisierung: Wie haben sich die Chinesen vor 3000 Jahren gepflegt?

Wenn das Spekulieren in eine Frage und nicht in eine Behauptung mündet, dann ermöglicht es einen wichtigen Schritt im Verständnis: Ich erkenne nun die weißen Flecken auf der Landkarte und weiß, welche Konturen sie haben. Nun kann ich mir die unbekannten Länder zum Ziel meiner Forschungsreise machen.

Abstrahieren üben

Um richtig zu spekulieren, müssen wir abstrahieren. Auch die Abstraktion gilt vielen Menschen als falsch. »Du bist zu abstrakt. Kannst du nicht konkreter werden?!«, heißt es. Abstrakte Literatur wird selten geschätzt, von den meisten Menschen abgelehnt.

Gehen wir davon aus, dass sich zu den meisten Gedanken, die wir denken, ein abstrakterer finden lässt, einer, der an Inhalt ärmer und an Geltungsumfang weiter ist, dann muss es möglich sein, bei diesen Gedanken das Abstrahieren zu üben. Der abstraktere Gedanke lässt mehr offen (»an Inhalt ärmer«). Dadurch lassen sich mehr Beispiele finden, die ihn veranschaulichen (»an Geltungsumfang weiter«).

Wie lautet beispielsweise eine Abstraktionsreihe zu »Tisch«? So zum Beispiel:

↓ Tisch
↓ Möbel
↓ Gebrauchsgegenstand
↓ Artefakt
– Entität

Eine Übung mit Sätzen:

↓ »Ich kaufe ein Brot.«
↓ »Ich tausche Geld gegen ein Nahrungsmittel.«
↓ »Ein Tausch von Geld gegen Lebens-Mittel (im weitesten Sinn von »Mittel zum Leben«).«
– »Ich tausche einen Wert gegen einen anderen Wert.«

Lesen sie philosophische Literatur. Sie bewegt sich in Abstraktionen als ihrem natürlichen Element. Tun Sie es Ihrer Umgebung zum Trotz.

Spekulationen entdecken

Wir sind so an Spekulationen gewöhnt, dass sie uns nicht auffallen. Die Autoren psychologischer Bücher beispielsweise schließen laufend von ihren »Fällen« auf andere Menschen – und verhelfen uns so zur Selbsterkenntnis. Sie tun es abstrakt, ansonsten könnten wir nie den Eindruck bekommen, dass sie unsere Situation treffend beschreiben, von der sie ja nichts wissen können. Was, zum Beispiel, läuft in uns ab, wenn wir uns schämen? Günter Seidler hat darüber ein Buch geschrieben. Es heißt »Der Blick des Anderen. Eine Analyse der Scham«. Der Autor beschreibt, was notwendig in dem Schamerleben *für ihn* vorhanden sein muss, und überträgt die abstrakten Deutungen als »notwendige Strukturelemente« auf alle Schamerlebnisse. Kurz: Er spekuliert.

Seidler: »Ein Mann wartet am Bahnhof auf seinen Zug. In der Menge der Mitreisenden meint er, eine frühere Freundin wiederzuerkennen. Sie scheint ihn nicht zu bemerken. Er kämpft sich, beladen mit Koffer und Aktentasche, zu ihr vor, wobei er außer dem ihm bekannten Reisefieber noch eine freudige Aufregung verspürt. Er spricht sie schräg von hinten an, sie dreht sich um: Ein fremdes Gesicht blickt ihn an, abwesend, unduldsam, gereizt. Seine freudige Erregung, sein Lächeln bleiben unerwidert. Er wünscht sich weg, möchte am liebsten nicht da sein, sein Lächeln gefriert ihm auf den Lippen, wie konnte er nur.« (Seidler »Der Blick des Anderen« S. 7)

Von diesem Erlebnis schließt der Autor, dass andere Menschen ebenso vor Scham »in den Boden versinken« möchten und dass Scham durch »den fremden Blick des anderen« entsteht. Wer sich schämt, schlüpft gleichsam in den Kopf derjenigen, vor denen er sich schämt, und betrachtet sich mit deren Augen: »Eine unabdingbare Voraussetzung für das Schamerleben ist die Möglichkeit zur Einnahme der Beobachterposition, die in einer Internalisierung des fremden Außenobjektes [= Menschen] mit seinem Blick besteht.« (Seidler »Der Blick des Anderen. Eine Analyse der Scham« S. 9)

Entdecken Sie Spekulationen. Besonders psychologische Bücher eignen sich dazu. Beobachten Sie, wie die Autoren es in abstrakter Weise schaffen, *Ihr* Leben zu beschreiben.

Spekulationen sind Vermutungen, deren Überprüfung aus-
steht

Wer spekuliert, stellt sich nicht auf den Boden der Tatsachen, sondern verlässt ihn. Er spinnt Gedanken aus
und meint, dass das, was er geistig sieht, tatsächlich
so sein *könnte*. Das heißt, er hält das, was er sich ausgedacht hat, für möglich mit unterschiedlichem Gewiss-
heitsgrad, vom »eher unwahrscheinlich« über »vermutlich« bis hin zu »sehr wahrscheinlich« und »ich
bin überzeugt davon, dass es so ist, auch wenn ich es
nicht beweisen kann«.

Deklarieren Sie eine Spekulation als Vermutung,
selbst wenn Sie von ihrer Wahrheit überzeugt sind.
Denn Spekulationen sind Vermutungen, die noch
nicht durch Beobachtungen und Erfahrungen korrigiert worden sind. Sobald man autoritär behauptet:
»So ist es!«, täuscht man Gewissheit vor, wo keine ist.

Ich glaube beispielsweise, dass die Chinesen, die
vor über 3000 Jahren die Orakelknochen deuteten, ihren Körper in einer gewissen Weise gereinigt haben;
dass sie, sofern sie heterosexuell waren, durch gewisse Aspekte des Gegen-Geschlechts aufgereizt worden
sind; und dass sie immer wieder Dinge für andere erledigen mussten, und dies in Sorge um deren Zufrie-
denheit und in Angst um Nachteile. Natürlich weiß
ich nichts von dem konkreten Leben der Chinesen in
der fernen Shang-Dynastie. Aber diese Spekulationen
erscheinen mir so einleuchtend, dass ich sie für zutref-
fend erachte. Und trotzdem weiß ich, dass es sich nicht
um ausgewiesene Tatsachen handelt.

Eine Spekulation ist eine Vermutung, für deren Richtigkeit es (noch) keine Bestätigung gibt. »Ich kann mir
das vorstellen. Ob es tatsächlich so ist, ist eine andere
Frage.« Es ist wie vor Gericht: Eine Spekulation ist eine
Behauptung ohne Beweis oder Zeugenaussage. Sobald
ihr Inhalt durch Statistiken, Geschichtsquellen, Experimente, Befragungen, Zeugen oder Beobachtungen er-

härtet oder widerlegt wird, verschwindet sie und wandelt sich entweder zu einer »Tatsache« oder einem »Irrtum«.

Die Spekulation ist häufig Voraussetzung dafür, um gewisse Fragen überhaupt erst zu stellen, um überhaupt Experimente zu machen, Feldforschungen zu betreiben, Versuchsreihen durchzuführen oder Beobachtungen anzustellen. Die Wissenschaft kommt ohne sie nicht aus. Sie erzeugt die Geistesblitze, die zu Entdeckungen führen.

Üben Sie

Wenn Sie den Vorwurf hören »Das ist eine bloße Spekulation!«, dann versuchen Sie, den Inhalt abstrakter zu fassen. Wird er akzeptabler? Was müsste man tun, um die Annahme zu belegen?

Üben Sie sich im Schließen von sich auf andere. Wählen Sie die abstraktesten Wörter, die Ihnen zur Verfügung stehen. Halten Sie fest, dass es sich um Vermutungen handelt. Können andere Menschen sie bestätigen?

Besonders die Universitäten legen Wert auf das Einhalten von Zitier-Regeln. Manchmal scheint es, Wissenschaftlichkeit bestünde nur darin, zu einem Thema passende Zitate zu »montieren«, also so zusammenzufügen, dass sich ein logischer und plausibler Gedankengang ergibt. Auf eine Formel gebracht: Literatursuche + Zitieren = Kompilat, zum Beispiel als »Seminar-« oder »Diplomarbeit«. Vielleicht sehe ich das zu schwarz.

Die Menschen vergangener Jahrhunderte gingen mit Zitaten locker um. Sie hielten sich nur teilweise an die Regeln, die heute selbstverständlich sind. Der zitierte Text war formbar. Die Autoren »missbrauchten« ihn dazu, ihre eigenen Gedanken auszudrücken. Sie verarbeiteten den originale Wortlaut weiter, bis für den Geist ein schmackhaftes Gericht entstand.

Welche Regeln von heute ignorierten die Menschen von damals? Geht uns durch das korrekte Zitieren etwas verloren? Eröffnet der gezielte Regelbruch vielleicht neue Formulierungsmöglichkeiten?

Zitier-Regeln heute

Ich zähle zuerst die modernen Zitier-Regeln auf. So lässt sich erkennen, welche früher nicht beachtet worden sind.

1. *Rahmen-Regel.* Das Zitat muss als solches erkennbar sein, etwa durch das Setzen von Anfang und Ende in Anführungszeichen oder durch Abhebung vom Fließtext.

2. *Treuheits-Regel.* Zitate müssen Wort für Wort originalgetreu übernommen werden. Das gilt selbst dann, wenn Orthografie und Interpunktion vom heutigen Gebrauch abweichen. (Gleichwohl passen viele Verlage die Rechtschreibung den geltenden Rechtschreibregeln an.)

3. *Quellen-Regel.* Die Text-Quelle, aus welcher der zitierte Text stammt, muss angegeben werden (Mindestmaß: Zuname, Vorname, Text-Titel, Erscheinungsort, Erscheinungsjahr). Das Mindestmaß bestimmt sich nach Identifizierbarkeit und Auffindbarkeit des Werkes, das heißt, es muss mindestens so viel angegeben werden, dass das zitierte Werk eindeutig identifiziert und gefunden werden kann.

4. *Einfügungs-Regel.* Zum besseren Verständnis einer Textstelle können Erläuterungen eingefügt werden, die aber als solche erkennbar sein müssen (»Er [Hegel; der Verfasser] kannte Goethe persönlich.«).

5. *Auslassungs-Regel.* Auslassungen müssen als solche gekennzeichnet werden, etwa durch rechteckige Klammern und drei Punkte ([...]).

6. *Hervorhebungs-Regel.* Hervorhebungen innerhalb des Zitates, die nicht vom zitierten Autor selbst stammen, müssen als Veränderungen des Zitates ausgewiesen werden (»Er kannte Goethe *persönlich* [Hervorhebung durch den Verfasser].«).

7. *Indirektheits-Regel.* Längere Textpassagen müssen nicht Wort für Wort wiedergegeben werden, sie können auch sinngemäß wiederholt werden. Die Quelle muss angegeben werden (»Siehe S. ...«, »Vgl. S. ...«, »So auch S. ...«, »Anders aber S. ...«).

8. *Sic-Regel.* Fehler im zitierten Text sollen durch »sic!« (»so!«) gekennzeichnet werden.

Zitier-Methode um 1800

G. W. F. Hegel zum Beispiel verkörpert das, was vor 200 Jahren für viele als Wissenschaft galt. Seine Zitier-Methode widerspricht weitgehend den Normen von heute. Er schreibt am Ende der »Phänomenologie des Geistes« die folgenden schönen, unter Philosophen berühmt gewordenen Sätze. Vorausschicken möchte ich, dass es nicht wichtig ist, den Inhalt genau zu verstehen; das ist nur möglich, wenn man sich länger mit Hegels Philosophie beschäftigt. (Aus Hegel »Phänomenologie des Geistes« S. 591)

> »Das Ziel, das absolute Wissen, oder der sich als Geist wissende Geist hat zu seinem Wege die Erinnerung der Geister. [Sie] bilden die Schädelstätte des absoluten Geistes, die Wirklichkeit, Wahrheit und Gewissheit seines Throns, ohne den er das leblose Einsame wäre; nur –
>
> aus dem Kelche dieses Geisterreichs schäumt ihm seine Unendlichkeit.«

Der Leser erkennt nicht, wen Hegel zitiert. Er erkennt nur durch die Absetzung im Text, dass er zitiert. Hegel erfüllt somit die Rahmen-Regel, ignoriert jedoch die Quellen-Regel. Das Zitat stammt aus Schillers Gedicht »Die Freundschaft«. Es heißt im Original:

> Aus dem Kelch des ganzen Seelenreiches
> Schäumt ihm – die Unendlichkeit.

Vergleichen Sie die beiden Textstellen: Schiller spricht nicht von »Geisterreich«, sondern von »Seelenreich«. Anstelle von »seine Unendlichkeit« heißt es schlicht »die Unendlichkeit«. Hegel bricht damit die wichtigste Regel, die Treuheits-Regel, das heißt, er verfälscht den zitierten Original-Text.

Was wir heute von Hegel verlangen könnten, ohne ihn an seinem freien Ausdruck zu hindern, wäre der Einschub »frei nach Schiller«. Das möchte ich Ihnen empfehlen: Verwenden Sie die »Frei-nach«-Formel, wenn Sie ein Zitat abwandeln. Das erspart das umständliche Anführen der Quelle und schützt Sie vor dem Verdacht des Diebstahls.

Hegel hat, so vermute ich, aus dem Gedächtnis zitiert. Das Zitieren aus dem Gedächtnis bringt einen neuen Werkmeister mit ins Spiel: das Unbewusste.

Wir werden im Aufsagen »eigensinnig«, das heißt, wir tendieren dazu, anstelle des Originalsinns unseren »eigenen Sinn« zu setzen, besonders dann, wenn wir weiter rezitieren, obwohl wir uns nicht mehr genau erinnern. In die fremden Formulierungen schlüpft der eigene Gedanke und verändert sie. Die Verfälschungen können originelle Neuschöpfungen erzeugen.

Lesen Sie bitte Schillers Gedicht. Ich habe es etwas gekürzt. Jetzt lässt sich der Grund erkennen, weshalb Hegel dieses Gedicht gewählt hat.

DIE FREUNDSCHAFT

[...] Geister in umarmenden Systemen
Nach der großen Geistersonne strömen,
Wie zum Meere Bäche fliehn.

War's nicht dies allmächtige Getriebe,
Das zum ew'gen Jubelbund der Liebe
Unsre Herzen an einander zwang?[...]

Glücklich! glücklich! dich hab' ich gefunden,
Hab' aus Millionen dich umwunden,
Und aus Millionen mein bist du –
lass das Chaos diese Welt umrütteln,
Durcheinander die Atomen schütteln;
Ewig fliehn sich unsre Herzen zu. [...]

Todte Gruppen sind wir – wenn wir hassen,
Götter – wenn wir liebend uns umfassen!
Lechzen nach dem süßen Fesselzwang –

Aufwärts durch die tausendfachen Stufen
Zahlenloser Geister, die nicht schufen,
Waltet göttlich dieser Drang.

Arm in Arme, höher stets und höher,
Vom Mongolen bis zum griech'schen Seher,
Der sich an den letzten Seraph reiht,
Wallen wir, einmüth'gen Ringeltanzes,
Bis sich dort im Meer des ew'gen Glanzes
Sterbend untertauchen Maß und Zeit. –

Freundlos war der große Weltenmeister,
Fühlte Mangel – darum schuf er Geister,
Sel'ge Spiegel seiner Seligkeit!
Fand das höchste Wesen schon kein gleiches,
Aus dem Kelch des ganzen Seelenreiches
Schäumt ihm – die Unendlichkeit.

Der Duktus des Gedichts geht ins Große und Weite
wie Hegels gesamte Philosophie. Dessen Kultur- und
Geschichtsphilosophie klingt an, die sich von Asien bis
nach Griechenland erstreckt. Insbesondere das Wieder-
finden des Ich im Du entspricht der »Reflexion in sich«,
die in seiner Philosophie eine zentrale Rolle spielt.

Doch wäre wortgetreu genommen das Gedicht als
Zitat brauchbar? Wird es nicht erst durch diese »Verun-
staltung« geschmeidig genug, den Sinngehalt der Philosophie aufzunehmen?

Hegel prägt den Originaltext in seinem Sinn um –
und zwar ohne Rücksicht auf Text-Verluste. Schillers
Verse werden dadurch zu Höhepunkt, Pointe und Ab-
schluss des Werks.

Höheres Abschreiben

Ein literarischer Text ist im Gegensatz zu einem
wissenschaftlichen oder juristischen nicht an Zitier-
Regeln gebunden. Wie viele Texte der »hohen Literatur« sind abgeschrieben worden!

Sehen Sie sich bitte den folgenden Song aus der
»Dreigroschenoper« von Bertolt Brecht an. Er hat ihn

von François Villon abgeschrieben, und zwar in der Übersetzung von K. L. Ammer. Ich habe die beiden Texte gekürzt. (Aus Thalmayr »Das Wasserzeichen der Poesie« S. 238 ff.)

Villon	*Brecht*
Ihre Herrn, urteilet selbst, was mehr mag frommen! Ich finde nicht Geschmack an alledem, Als kleines Kind schon hab ich stets vernommen, Nur wer in Wohlstand schwelgt, lebt angenehm.	Ihr Herrn, urteilt jetzt selbst: ist das ein Leben? Ich finde nicht Geschmack an alledem. Als kleines Kind schon hörte ich mit Beben: Nur wer im Wohlstand lebt, lebt angenehm.
Kein Vögelchen von hier bis Babylon Vertrüge diese Kost nur einen Tag. Villon liegt hier nicht unter Hagedorn, Nicht unter Buchen, nein, in einer Gruft!	Kein Vögelchen von hier bis Babylon Vertrüge diese Kost nur einen Tag. Macheath liegt hier nicht unterm Hagedorn, Nicht unter Buchen, nein, in seiner Gruft!

Auch Thomas Mann schrieb ab. Die Typhus-Beschreibung in seinem Roman »Buddenbrooks« etwa stammt aus dem »Meyers Konversationslexikon« von 1888. In einem Brief an Theodor W. Adorno schrieb er: »Aber ich weiß nur zu wohl, dass ich mich schon früh in einer Art von höherem Abschreiben geübt habe: z.B. beim Typhus des kleinen Hanno Buddenbrook, zu dessen Darstellung ich den betreffenden Artikel eines Konversationslexikons ungeniert abschrieb, sozusagen ›in Verse brachte‹. Es ist ein berühmtes Kapitel geworden.« (Gödde »Theodor W. Adorno – Thomas Mann. Briefwechsel«, Brief vom 30.12.1945) Die folgende Begebenheit lässt das Ausmaß seines Abschreibens erahnen: Als mehrere Jahre nach dem Tod von Thomas Mann in Zürich das Thomas-Mann-Archiv gegründet worden war und die Germanisten begannen, das in seinen Arbeitsmappen enthaltene Material zu dokumentieren, entstand »dicke Luft« im Archiv. Waren alle seine Werke »ausgestopfte Vögel«? »Es dauerte einige Zeit, bis wir uns vom Schock erholt hatten«, sagt Hans Wysling, Leiter des Archivs. (Thomas-Mann-Archiv »Thomas-Mann-Studien« Bd. 7, S. 373)

Den Anspruch auf Originalität vollends aufgegeben hat die postmoderne Kunst. Alles sei schon da gewesen, nichts Neues mehr zu schaffen. Am reinsten erscheint das Remix-Verfahren bei Bloggern im Internet: Fremde Texte, Bilder und Filme werden wie Fertigbauteile zusammenmontiert.

Abschreiben und ein wenig ändern – wer kennt das nicht. Das Zitat wird unkenntlich gemacht, der Regelbruch ist total. Schreiben wird zum Umschreiben, Finden wichtiger als Erfinden.

Text-Recycling legal

Abschauen und Umarbeiten sind in Wissenschaft und Kunst gang und gäbe. Die Wissenschaft aber fordert die Kenntlichmachung. Wer es nicht tut, gilt als Plagiator. Auch die Forderung nach Originalität hält sie aufrecht: Die Begutachter lehnen eine Doktorarbeit oder Habilitation ab, die nur Bekanntes wiederholt. Zurecht.

Schöne Texte können durch das Recycling entstehen. Die Werke der Vergangenheit werden nicht vergessen, sondern wiederbelebt. Die neue Leistung besteht darin, originell zu modifizieren und passgenau zu montieren.

Benutzen Sie die brillanten Formulierungen vergangener Denker und Dichter. Suchen Sie sich Zitate, lernen Sie sie auswendig und formen Sie den Wortlaut in ihrem eigenen Sinn um. Wenn Ihnen das zu mühevoll ist, versuchen Sie es mit Ab- und Umschreiben. Mit der »Frei-nach«-Formel bekommt auch ein verfälschtes Zitat eine Lizenz.

9 | EIN MENSCH IST EIN MENSCH IST – EINE MASCHINE. WAS DIE FALSCHE AUFFASSUNG RICHTIG ERFASST

Wir Arbeitsmenschen sind Maschinen. Wir stehen ständig unter Strom. Gehen wir kaputt, müssen wir schnellstens repariert werden, ansonsten kosten wir dem Arbeitgeber und dem Staat zu viel. Die Arbeit muss weitergehen, ohne Unterbrechung, ohne Pause. Wir müssen Geld verdienen und ausgeben, damit Waren verkauft werden und der Umsatz steigt. Wir sind elektrische Webstühle hineingestellt in die Fabrik »Profit, Steuer & Co.«, mit dem Zweck, uns Tag und Nacht zu rentieren und zu amortisieren – am besten das ganze Leben lang, bis wir verschlissen sind und verschrottet werden. Dann werden neue, modernere Apparate an unsere Stelle gesetzt. Denen geht es gleich.

Diese Beschreibung, werden Sie vielleicht sagen, stimmt in gewisser Hinsicht, aber sie ist zu drastisch und gehört eher in den Bereich der Dichtung als in den der Wahrheit. Wir Menschen sind Menschen und keine Maschinen. Menschen als Maschinen ansehen – das ist eine Verwechslung.

Und dennoch birgt es eine Chance, eine Sache für eine andere zu halten: Es beschreibt die Wirklichkeit auf neue Weise. Es tut damit etwas, was alles originäre Denken macht, es sieht Bekanntes auf neue Weise.

Wie man es macht

Indem ich versuche, Menschen als Maschinen aufzufassen, versuche ich, die Wesensart und die Bedeutung der Maschine, die ich von Maschinen im Allgemeinen zurecht aussagen kann, auch auf Menschen zu übertragen.

Ich sage zum Beispiel »*Maschinen* gehen kaputt und werden repariert.« Nun versuche ich dasselbe von Menschen zu sagen: »*Menschen* gehen kaputt und werden repariert.« Ich ersetze damit zwar einfach nur ein Wort, schaffe aber eine neue Bedeutung.

In einem übertragenen Sinn stimmt das: Vielleicht müssen wir, wenn wir an der Arbeit kaputt gehen, sofort wieder repariert werden, damit wir weiter arbeiten können, um Geld zu verdienen, das wir ausgeben, damit die Wirtschaft Umsätze macht, von denen Teile als Steuern in die Staatskasse fließen.

Nehme ich es hingegen genau, dann merke ich, dass ich damit etwas Falsches gesagt habe. Ich muss mich korrigieren: Menschen werden krank und krank geworden, können sie nicht einfach »repariert« werden – selbst wenn das manche Menschen glauben. Nun könnte ich näher auf die Unterschiede von »kaputt – Reparatur« einerseits und »krank – Heilung« anderseits eingehen, das heißt, es hat sich mir ein Thema eröffnet, an das ich vorher vielleicht nicht gedacht habe.

In der Satzbildung ist mein Vorbild Paul Celan: Statt »Schalt *das Licht* aus« dichtete er »Schalt *das Wort* aus«. Sie können ein Spiel daraus machen: Formulieren Sie einen einfachen Satz und ersetzen Sie das Hauptwort mit einem anderen, überraschenden und grundverschiedenen.

Erkennen, was nicht da ist

Es lässt sich nicht nur das erkennen, was da ist, sondern auch, was nicht da ist. Sage ich »Ich bin doch keine Maschine!«, und denke die Unterschiede durch, dann entdecke ich zum Beispiel:

1. Dass wir im Gegensatz zu industriellen Robotern nicht ununterbrochen Tag und Nacht arbeiten können, immer effektiv und immer effizient.

2. Dass wir nicht ständig »unter Strom« stehen können, also unter Stress, weil wir dadurch krank werden.

3. Dass wir nicht nach Bedarf ein- und ausgeschaltet, also willkürlich benutzt werden können.

4. Dass wir nicht nur Mittel, sondern Wesen mit Würde sind, also »etwas«, das nicht nur als Mittel gebraucht werden darf, sondern Rücksicht um seiner selbst willen verlangt.

5. Dass wir keine Präzisionswerkzeuge sind: dass wir fehlbar sind, ohne Fehlkonstruktionen zu sein.

6. Dass wir nicht die übermenschliche Leistungskraft einer Maschine besitzen.

7. Dass wir Sinngebungen benötigen, die den Maschinen nicht einmal gleichgültig sind, weil sie zur Gleichgültigkeit nicht fähig sind.

Was es bringt

Indem ich den Menschen als Maschine auffasse, kann ich

1. Gemeinsamkeiten im übertragenen Sinn finden. Ich finde Metaphern und Vergleiche wie: »Ich stehe ständig unter Strom«, »Ich gehe an dieser Arbeit noch kaputt«, »Wenn ich krank werde, gehe ich einfach zum Doktor und lasse mich reparieren«, »Mit meiner langen Berufserfahrung bin ich schon wie ein Präzisionsapparat«, »Ich muss mal abschalten.«

2. Ich erkenne die Besonderheiten, die einen Mensch von der Maschine unterscheiden – und dadurch überhaupt Besonderheiten des Menschen –, wenn ich das Übertragen des Sinns vermeide und es genau nehme. Ich erkenne Entsprechungen und Unterschiede.

3. Ich finde Themen, an die ich vorher nicht gedacht habe, und stoße auf Fragen, die ich mir vorher nicht gestellt habe.

Kalkulierter Irrtum

Wir sehen die Dinge richtig, sobald wir die Dinge als das auffassen, was sie sind. Wenn wir sie hingegen als etwas Anderes auffassen, so sehen wir sie falsch. Und doch können dadurch Aspekte an ihnen entdeckt werden, die sich vorher nicht gezeigt haben. Damit dieser »Irrtum« richtig wird, muss man im Voraus wissen, was man tut: Man muss ankündigen, dass man den Gegenstand als einen anderen auffassen wird, mit dem Ziel, Eigenschaften zu entdecken, die einem in der gewöhnlichen Sicht verborgen bleiben.

Die Norm

Hinter jedem Fehler steckt eine Norm: »das Richtige«. Welche Norm macht die Verwechslung zu einem Fehler?

Unsere Erkenntnis steht unter der *Norm des tautologischen Auffassens*. Eine Tautologie ist ein Satz ohne Erkenntnisgewinn wie etwa »Ein Mensch ist ein Mensch«. Macht man aus diesem langweiligen und unnützen Satz eine Norm des Auffassens, dann verwandelt er sich zu »Der Mensch soll als ein Mensch aufgefasst werden« mit der Begründung: »weil ein Mensch ein Mensch ist«, und der impliziten Abgrenzung: »und nicht ein Mineral, eine Pflanze, ein Tier oder sonst ein nicht-menschliches Wesen«.

Viele meinen: Ein Gegenstand würde dann richtig aufgefasst, wenn nichts Fremdes ihm zu- und nichts Eigenes ihm abgesprochen wird. Wenn der Gegenstand als ein anderer gedacht, oder sinnlich: als ein anderer gesehen, gehört, gerochen, getastet, geschmeckt wird, als er in Wirklichkeit ist, dann wird er falsch aufgefasst. Formalisiert ausgedrückt: »X soll als X aufgefasst werden und nicht als Y (= Nicht-X)«. Wenn wir dieser Norm folgen, so sehen wir die Dinge richtig.

Von diesem Standpunkt aus erscheint es als falsch, einen Gegenstand als einen anderen aufzufassen. »Der Gegenstand, so wie er in Wirklichkeit ist« entspricht aber häufig nur der gängigen Auffassung. Wird er als ein anderer gesehen, dann vertauscht man die gewohnte Perspektive mit einer ungewöhnlicher und neue Aspekte tun sich auf.

Das Übertragen der Bedeutung

Wenn man den Menschen als Maschine auffasst, dann reicht es nicht, sich einen Menschen und eine Maschine *vorzustellen*, also mentale Bilder von ihnen zu erzeugen. Auch die Bekanntschaft mit ihnen im täglichen Umgang reicht nicht. Man muss sie in Sätzen beschreiben und dann die Aussagen von der Maschine auf den Menschen übertragen. Wie zum Beispiel die Aussage »Eine *Maschine* kann ich ein- und ausschalten«, die durch Übertragung der Maschinen-Eigenschaften auf den Menschen zu dem Satz »Einen *Menschen* kann ich ein- und ausschalten« wird.

Ich habe mir nicht den Sinn überlegt und dann diesen Satz formuliert, sondern ich habe umgekehrt zuerst den Satz experimentell konstruiert und überlege mir erst dann, welche Bedeutung er haben könnte. Diese Umkehrung ist wichtig.

Die meisten Menschen sind gewohnt, sich zuerst einen Sinn zu überlegen und ihn dann auszudrücken, das Gegenteil jedoch, zuerst Sätze nach gewissen Mustern experimentell zu konstruieren, um erst dann herauszufinden, welchen Sinn sie hergeben könnten, das fällt den meisten Menschen schwer. Man sagt: »Zuerst überlegen, dann sprechen.« Hier gilt es das Gegenteil zu tun: »Zuerst sprechen, dann überlegen.«

Was bedeutet es, »eine Bedeutung zu übertragen«? Ich übertrage eine Beschreibung. Ich sage zum Beispiel »{Eine Maschine} *kann ich ein- und ausschalten.*« Jetzt ersetze ich das Beschriebene, »eine Maschine«, behalte aber die Beschreibung bei. Ich sage »{Einen Menschen} *kann ich ein- und ausschalten.*« Nun gibt es zwei Möglichkeiten: Entweder ich komme zu Sätzen, die Sinn machen und die ich bejahen kann, oder ich komme zu Aussagen, denen ich widersprechen muss.

Auch der Widerspruch führt mich zu weiteren Einsichten. Ich kann zum Beispiel sagen: »Der Satz ›Menschen können ein- und ausschaltet werden‹ stimmt nicht, *weil* ...« Die Begründung dieses Weils führt mich zu neuen Überlegungen, welche die Besonderheiten des Menschen näher spezifizieren.

Was kann womit »verwechselt« werden?

Ein Gegenstand kann künstlich, wie gesagt, als ein anderer, gleichsam falsch gesehen werden, will man ihn vollständiger und genauer erfassen oder zu übertragenen Bedeutungen wie Metaphern und Vergleichen gelangen. Selbst wenn sich keine Ähnlichkeiten ergeben, so können doch Unstimmigkeiten und Gegensätze entdeckt werden, so dass sich der fokussierte Hauptgegenstand »*privativ*« oder, wem dieses Wort besser gefällt, »*substraktiv*« bestimmen lässt, das heißt, man kann sagen, was er *nicht* ist.

Als welcher Gegenstand lässt sich ein Ding auffassen? Mit welchem Foto gleichsam kann ich es überblenden? Gibt es eine begrenzte Menge, welche das Ding vorschreibt? Oder ist es die All-Menge, die Menge jedes nur erdenklichen Gegenstands, mit dem jeder beliebige Gegenstand verglichen oder identifiziert werden kann?

Wir können alles mit allem vergleichen. Ob wir Vergleichbares finden, hängt von der Abstraktionsstufe ab: Durch den Wechsel von einem niederen auf ein höheres Abstraktionsniveau lassen sich die gemeinsamen Gesichtspunkte und die unterscheidenden Spreizpunkte finden. Die Voraussetzung ist, dass wir uns mit den beiden Gegenständen auskennen. Wo wir das nicht tun, müssen wir unsere Wissenslücken füllen. Der Vergleichs-Versuch macht sie sichtbar.

Ich kann zum Beispiel die »Titanic«, das einst größte Passagierschiff, das am 15. April 1912 untergegangen ist, mit dem Klavier vor mir vergleichen. Das eine ist eine Filmfantasie, weil ich einen Spielfilm über die Titanic gesehen habe, das andere eine Wahrnehmung. Beiden gemeinsam ist, dass sie irgendwie »da sind«; beide haben also ein »da sein«, ein »Dasein«, das eine in der Erinnerungsfantasie, das andere im Zimmer. Die Titanic, nicht als Wrack, sondern als Schiffganzes, ist ein Nichts, weil es nicht mehr existiert. Hat die Titanic also doch kein »Dasein«?

Wenn ich Dinge vergleiche, die nichts miteinander zu tun haben, dann werde ich immer wieder feststellen, dass beide ein »Dasein« haben, das entweder wahrgenommen, postuliert, erinnert, vorgestellt oder fantasiert ist. Vielleicht muss ich dem einen oder anderen das Dasein absprechen, aber immer nur in einem bestimmten Sinn, wie wenn ich über einen Verstorbenen sage: »In meinem Herzen lebt er weiter, auch wenn er nicht mehr lebt.« Nur wenn man schweigt, hat man ein Nichts, das nicht vergleichbar ist.

Ich kann mit der Titanic nicht Klavier spielen und mit dem Klavier nicht aufs Meer fahren. Beide unterscheiden sich also in ihrer Funktion. Aber beide haben eine Funktion. Beides sind Artefakte, von Menschen für einen Zweck gemachte Dinge. Beide Funktionen sind in einem übertragenen Sinn austauschbar: Manche Pianisten, wie etwa Richard Clayderman, spielen Klavierstücke, die dazu bestimmt sind, uns »auf dem Ozean der Gefühle« hinwegzutragen. Kitsch? Und die Titanic erzeugte Todesklänge, als sie mit dem Eisberg kollidierte. Aus »Das Klavier *tönt*« und »Das Schiff *transportiert*« wird »Das Klavier *transportiert*« und »Das Schiff *tönt*«.

Das absichtliche Verwechseln, das auf Gedankenfindung aus ist, unterscheidet sich von der unabsichtlichen Verwechslung der Wahrnehmung: Hier können nur ähnliche Gegenstände miteinander verwechselt werden. Etwa wenn wir jemand auf der Straße verwechseln, weil er einem Bekannten ähnlich sieht.

Details genauer und vollständiger erfassen – ein Beispiel

Wenn man einen Gegenstand bereits in seinen wesentlichen Strukturen erfasst hat, dann hilft einem der Vergleich mit einem ähnlichen Gegenstand eines verwandten Gegenstandsgebiets, die Details genauer und vollständiger zu erfassen.

Zum Beispiel das Thema »Heilung einer Neurose«. Ich suche mir einen Vergleichsgegenstand. Da es sich um ein Verfahren, die »Heilung«, handelt, schaue ich mich ebenfalls nach einem solchem um. Ich übertrage ein körperliches Heilverfahren auf die Seele: das Verwenden einer Wundsalbe, genauer: einer Zugsalbe.

Am Meer. Ich bin auf einen Seeigel getreten und habe mir einen Stachel eingezogen. Mit Pinzette und Schere bringe ich ihn nicht heraus. Jemand hilft mir. Eine Österreicherin, die das beobachtet hat, rät mir, eine »Zugsalbe« zu verwenden. Ich besorge mir eine – eine braun-schwarze übelriechende Schmiermasse – und streiche sie regelmäßig auf die Stelle. Nach einigen Tagen lockert sich der Stachel, kommt weiter zur Oberfläche und lässt sich schließlich herausziehen.

Nachdem ich das Vergleichsbild in Worte gefasst habe, nun zum Untersuchungsgegenstand: der Neurose. Ich versuche, sie so knapp wie möglich zu definieren.

Eine Neurose ist ein Konflikt, den jemand mit sich selber hat. So als ob eine andere Person in einem selbst gegen einen selbst agierte, kommt es zu seltsamen Widerspruchserscheinungen wie Ticks, Anfällen oder Attacken. Sie ist aus einer Serie von schmerzhaften und beängstigenden Situationen während einer Entwicklungsphase entstanden: Nächststehende Personen haben den Kranken verletzt und verängstigt, und zwar in einer Weise, die für ihn nicht bewältigbar war.

Wie lässt sich eine Neurose heilen? Die Parallelität von Seeigelstachel und Trauma fällt auf. Ich habe es von vornherein zugelassen, dass mich meine Assoziation leitet, habe also nicht absichtlich einen möglichst entfernten Vergleichsgegenstand herangezogen.

Um eine Neurose zu heilen, muss ich den Stachel des Traumas hervorziehen. Das kann nicht gelingen durch das Verwenden einer Pinzette, in der das Trauma direkt angefasst und herausgezogen wird. Das Ergebnis wäre nur eine Verschlechterung dahingehend, dass es sich weiter ins Innere zurückzieht und noch schwerer zu erreichen ist.

Ebenso wenig kann das Aufschneiden mit einer Schere, also das gewaltsame Freilegen durch Konfrontationstechniken, zum Erfolg führen. Vielleicht wird der Therapeut oder der Kranke, der sich selber zu heilen versucht, beides versuchen, so lange, bis er zur Erkenntnis kommt, dass es nichts nützt.

Nur das behutsame regelmäßige Auftragen gleichsam einer Zugsalbe, die das Trauma nach und nach lockert und hervorbringt, und zwar in Form etwa einer wiedererinnernden Gesprächstherapie – die oft ekelhaft und abstoßend wie eine übelriechende braune Salbe ist –, kann das Trauma an die Oberfläche bringen, so dass es der Kranke selber entfernen kann.

Diese Charakteristik hält sich an das Bild. Seine Stärke liegt in der Hervorhebung der Details: Wie etwa, dass der direkte Zugriff mit der Pinzette zu Abwehrreaktionen führt; dass die Gespräche oftmals eklig und abstoßend sind; oder der Stachel von selber herauskommt. Auch wichtig ist das, was auf der Hand liegt: dass der Stachel das Trauma ist, dass die Salbe die Therapie bedeutet.

Der Schwerpunkt liegt auf der Auswertung der Begleitumstände, Randerscheinungen und Nebenaspekte des Bilds. Sie helfen, das zu beachten, was vielleicht zu wenig beachtet worden ist.

Üben Sie das »Sehen als …«

Das lebendige Denken beschreibt die Wirklichkeit in ungewohnter Weise. Indem wir die gewohnten Dinge als etwas Anderes auffassen, wechseln wir die Perspektive, gehen gleichsam um die Gegenstände herum, damit wir neue Seiten zu sehen bekommen, oder nehmen eine Lupe zur Hand, so dass wir die Details genauer erkennen.

Alles kann mit allem identifiziert oder verglichen werden. Vergleiche und Metaphern entstehen. Entsprechungen und Unterschiede werden sichtbar.

Üben Sie das »Sehen als …«. An die Stelle der drei Punkte können Sie alles einsetzen. Variieren Sie das Abstraktionsniveau. Erkennen Sie auch, was ein Ding nicht ist. Neue Gedanken tauchen auf.

10 NACHHER IST VORHER. WIE WIR DURCH VERTAUSCHEN VON EREIGNISSEN TENDENZEN UND LATENZEN ERKENNEN

Viele Jahrhunderte schon gibt es eine Fehlerbezeichnung für das Verkehren der natürlichen Abfolge von Ereignissen: Hysteron proteron, »das Spätere eher«. Was tatsächlich später kommt, wird in der Darstellung vorgezogen. Wie in der Krimiserie »Columbo«, in dem der Zuschauer zuerst den Mord sieht, und dann der Detective den Tathergang nach und nach aufdeckt; im Gegensatz zu einem Thriller wie »24«, der das Publikum »in real time« die Ereignisse bis zur Katastrophe miterleben lässt. Die Abfolge »Mord – Hergang« ist das Hysteron proteron. Als Fehler gilt es insofern, als es die natürliche Ordnung der Zeit umkehrt. Was ein Mittel der Krimiautoren von heute ist, verwendete schon Homer: Zuerst sehen wir den gestrandeten Odysseus, dann erzählt er nach und nach die Episoden seiner Irrfahrt.

Der Fehler des Hysteron proteron ist die Wünschelrute, um die Vorläufer von Ereignissen zu entdecken, noch bevor sie ans Tageslicht kommen. Ich werde zeigen, wie Sie ihn dazu verwenden können, um die Vorbedingungen eines Ereignisses in unbestimmter Weise zu bezeichnen, obwohl Ihnen diese verborgen sind. Es wird so zu einem Mittel des Draufkommens auf das bisher noch Ungeschehene, aber bald Geschehende.

Die Bereitschaft, sich zu betrinken

»Er ist schon betrunken, bevor er sich betrinkt.« In diesem Satz steckt die Beobachtung, dass die Bedingungen des Betrinkens: Ursache und Anlass, schon vor dem eigentlichen Akt des Betrinkens bestehen.

Jemand, der sich am Abend »besaufen« möchte, tut es aufgrund von Frustrationen, die er untertags erlitten hat. Und er macht es, weil es zu seinem Repertoire an Handlungsmustern gehört, mit Negativerfahrungen auf diese Weise umzugehen.

Was er tut, hat er schon oft getan, und wird es auch in Zukunft wieder tun. Indem ich den Satz mit der vertauschten Reihenfolge ausspreche, bezeichne ich die Bereitschaft zu trinken, die dem tatsächlichen Akt des Betrinkens vorangehen muss.

Die Neigung, sich zu verlieben

»Man liebt schon, bevor man sich verliebt.« Eine absurde Umkehrung, denn wie sollte man schon lieben, bevor man jemand Entzückenden gefunden hat? Im Schema von »Reiz und Reaktion« denkend gehen wir eher davon aus, dass es die Vorzüge einer anderen Person sind, die Ursache für die Wirkung des Sichverliebens sind. Der Satz möchte im Gegensatz dazu andeuten, dass die Neigung, sich zu verlieben, bereits vor dem eigentlichen Akt des Sichverliebens vorhanden war. Nur aufgrund dieser Bereitwilligkeit verliebt man sich.

Das Hysteron proteron bezeichnet damit in unbestimmter Weise die Bedingungen der Möglichkeit des Sichverliebens. In Träumen ist diese Neigung vielleicht schon vor dem Verlieben sichtbar geworden. Bestünde sie nicht, dann würde wir uns auch trotz der Begegnung mit jemandem Attraktiven nicht verlieben.

Eine verborgene Ordnung sichtbar machen

Was nachher kommt, wird vorher gesetzt. Akt und Ergebnis werden in der Abfolge vertauscht: »Trinken« und »betrunken«, »sich verlieben« und »verliebt sein«.

Damit behaupten wir, dass das, was sich später als *manifestes Phänomen* zeigt, bereits vorher schon als *Latenz* vorhanden war. Durch das Vertauschen wird eine verborgene Ordnung sichtbar, die zuvor verdeckt war.

Das Hysteron proteron ist ein Schlüssel zum Verständnis von Sigmund Freuds Traumtheorie und dem Streit, der um sie entstanden ist. In seiner »Traumdeutung« von 1900 führt er das Begriffspaar »manifester« und »latenter« Inhalt ein. Der latente Trauminhalt ist zuerst da. Weil er anstößig ist, chiffriert ihn die Psyche und er erscheint in einer harmlosen Version als manifester Traum, den der Träumer erlebt und erzählen kann. Erst die Deutung des Traums durch den Psychoanalytiker enthüllt den latenten Inhalt. Die Abfolge »Traum – Deutung« wird verkehrt zu »Deutung – Traum«, und zwar zu »latenter Inhalt (=Deutung) – manifester Inhalt (=Traum)«: Die Deutung wird dem Traum als latenter Inhalt unterstellt, so die Kritiker.

Gibt es eine andere Möglichkeit, das, was im Verborgenen arbeitet, aber selbst nicht direkt beobachtbar ist, irgendwie verständlich zu machen?

Tendenzen

Ich habe bisher von Verhaltensmuster, Bereitschaft, Neigung und Latenz gesprochen. Was das Hysteron proteron thematisiert und in den Fokus der Aufmerksamkeit rückt, muss nicht im Innern einer Person verborgen sein. Auch äußere Tendenzen, von denen jeder in einer gewissen Lage betroffen sein kann, lassen sich damit entdecken.

»Das Ehepaar ist statistisch gesehen schon geschieden, noch bevor es geheiratet hat« zum Beispiel. Der Satz drückt die durch Zahlen belegbare Tatsache aus, dass trotz des anfänglichen Glücks und des Brimboriums um die Heirat das Ende der Beziehung schon in Aussicht ist, weil es nur wenige Ehepartner gibt, welche die Fähigkeit und Disziplin aufbringen, lange miteinander auszukommen.

Der Satz spricht einem Ehepaar ab, die Bedingungen der Möglichkeit für eine gelungene Ehe mitzubringen. Damit werden zugleich Bedingungen, die nicht da sind, obgleich sie da sein müssten, kritisch angesprochen, ohne sie im Detail *aus*zusprechen.

Ansprechen, ohne auszusprechen

Indem ein Satz, der nach dem Muster des Hysteron proterons gebildet wird, sich der scheinbaren Absurdität bedient, enthüllt er das Verborgene, das hinter der Realität steckt. Er enthüllt Vorgänge, die unsichtbar am Werk sind.

Er tut es aber nicht explizit: Er spricht nicht *aus*, sondern *an*. Erst die Deutung spricht den Sachverhalt aus. Der Satz weist in unbestimmter Form auf ihn hin, führt den analysierenden Gedanken gleichsam auf den Punkt, wo er graben muss. Die inhaltliche Erfüllung des Angesprochenen mit besonderen Details ist Sache der Auslegung.

Ausgraben

Das Hysteron proteron lässt sich »heuristisch« nutzen, also dazu, auf neue Dinge draufzukommen. Verkehren Sie die »natürliche«, »selbstverständliche«, »reale« oder »historisch korrekte« Abfolge, so entstehen Sätze, die streng genommen falsch sind, die aber trotz ihres absurden Vordersinns Hinweise für Entdeckungen enthalten.

Auf diese Weise lassen sich Bedingungen, die etwas ermöglichen und herbeiführen, als bereits vorhanden erkennen, noch bevor sie manifest geworden sind, und zwar ohne sie im Detail zu kennen. Wir bezeichnen sie, aber in unbestimmter Weise. Was angedeutet wird, lässt sich zu einem Problem machen, dem wir, als Frage formuliert, nachforschen können.

Der Spielsüchtige sitzt schon in der Erwartung am Spieltisch, also bevor er zum Kasino aufbricht. Kennt nicht jeder einen Genuss, der ihn zur Maßlosigkeit verführt? Kaffee, Süßigkeiten, Zigaretten, Kleider, Fernsehen, Internet, Einkaufen? Immer haben die Abhängigen das Suchtmittel schon in Vorstellungen und Gedanken genossen, bevor sie es tatsächlich konsumieren. Wer etwas ändern will, kann da ansetzen.

Kein Faktum erscheint ganz aus dem Nichts, jedes hat seine Vorgeschichte. Graben Sie mit dem Hysteron proteron die Wirklichkeit aus, die im Verborgenen tätig ist, und einem Ereignis oder einer Tat als Bereitschaft oder Bedingung, Tendenz oder Latenz vorangeht.

11 | O, MISSVERSTÄNDNIS – DU HERRLICHE AUSREDE!

»Ein Missverständnis! Entschuldigung. Ich habe Sie falsch verstanden.« Wie gut, dass es Missverständnisse gibt. Geraten wir mit einem Vorgesetzten in Konflikt, können wir uns damit entschuldigen, dass wir ihn missverstanden haben. Das kann jedem passieren, es war keine böse Absicht. Ein Ausweg aus der Ausweglosigkeit. Manchmal ist das Missverständnis auch wie ein genialer Erfinder: Wir verstehen jemand falsch und dadurch fällt uns die Lösung ein. Um die Vorzüge des Missverstehens geht es im Folgenden.

Das Missverständnis produziert einen zweiten Sinn – das Gold

Das Missverstehen, das gemeinhin als Fehler gilt, kann produktiv und nützlich sein. Aber was genau bedeutet »Missverstehen«? Um diese Frage zu beantworten, muss man vom »Verstehen« in seiner unentstellten Form ausgehen: Was bedeutet es, wenn man etwa sagt: »Ich verstehe, was Du meinst«?

Wenn zwei Menschen den gleichen Gegenstand in übereinstimmender Weise verstehen, erfühlen, wollen, werten, vorstellen oder glauben, wenn also etwas in zwei verschiedenen »Bewusstseinen« das Gleiche ist, und sie wissen davon und verständigen sich darüber, dann verstehen sie einander.

Das gelungene Verstehen findet in einem Dreieck statt: Wenn sich ein Gegenstand zwei Menschen in der gleichen Weise darstellt, dann versteht der eine »es auch so, wie der andere«, und wenn sich der eine dem anderen mitteilt, dann verstehen sie einander. Kurz:

Ist ein Gegenstand in den *verschiedenen* Auffassungen *gleich*, so teilt man die Auffassung.

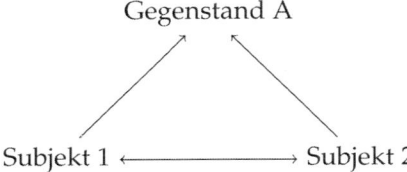

Gegenstand A

Subjekt 1 ⟵⟶ Subjekt 2

Das Verstehen kann auf zwei Arten scheitern: als »Nicht-Verstehen« und als »Missverstehen«.

Wenn wir zum Beispiel eine Fremdsprache nicht beherrschen – wie etwa Koreanisch –, so haben wir auch nicht den Eindruck, wir verstünden sie. Das ist ein reines Nicht-Verstehen. Nicht einmal die Gefahr des Missverstehens besteht.

Beim Missverstehen ist das anders. Es muss von vornherein möglich sein, etwas zu verstehen. Vordergründig ist es ein Verstehen, hintergründig aber ein Nicht-Verstehen. Zwei Menschen glauben, den gleichen Gegenstand aufzufassen, in Wirklichkeit verstehen, fühlen, wollen, werten, imaginieren oder glauben sie aber Verschiedenes. Hinter dem gemeinten Sinn erscheint ein zweiter Sinn, ein »Geistersinn«.

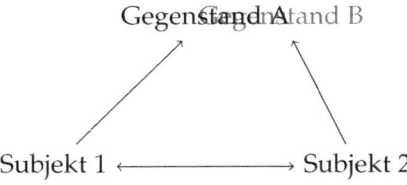

Gegenstand A   Gegenstand B

Subjekt 1 ⟵⟶ Subjekt 2

Eine doppelte Sinnproduktion also, in welcher der »zweite Sinn« unbeabsichtigt ausgedacht wird. Gleich werde ich zeigen, wie er sich zu Gold verwandelt.

Selbstverständlich, aber entscheidend: Vordergründig ist der *Schein* da, das Gleiche zu verstehen, in

Wirklichkeit sind die aufgefassten Gegenstände aber verschieden. Das vordergründig Gleiche, durch das die Auffassungen auf verschiedene Gegenstände hindurchgehen, ist ein Wort, eine Wortfolge oder ein Gedanke.

Ein Beispiel. Manche Wörterbücher wie mein Spanisch-Wörterbuch haben Infokästen, die mit »Falsche Freunde« betitelt sind. Sie gebieten Vorsicht bei Wörtern, die es in gleicher Schreibung, aber verschiedener Bedeutung in beiden Sprachen gibt, wie etwa SALTO: »*Vorsicht, el salto ist nicht identisch mit* der Salto!« (Pons, »Schulwörterbuch Spanisch« S. 709). »El salto« bedeutet »der Sprung« und das kann ein Freudensprung, Hochsprung, Weitsprung, Stabhochsprung oder eben ein Salto sein, so dass sich die Bedeutungen der beiden Wörter zwar überschneiden, aber nicht decken. Lese ich spanisch SALTO, und verstehe »Salto« statt wie gemeint »Sprung«, dann missverstehe ich den Ausdruck. Das Missverständnis ist nur möglich, weil die Schreibung in beiden Fällen gleich ist.

Ein anderes Beispiel. Angenommen, jemand hat ein Buch über einen Begriff oder Gegenstand gelesen wie »Argumentation«, »Scham« oder »Reitpferde«. Dann wird es im Gespräch mit einem Unbelesenen zu einer Abweichung im Verständnis kommen, obgleich beide vordergründig über dasselbe sprechen. Die Gesprächspartner verstehen aneinander vorbei, selbst wenn es partiell Überschneidungen gibt. Jeder Experte ist damit konfrontiert, vom Laien erstens in Teilen nicht verstanden und zweitens in anderen missverstanden zu werden. Bildung führt unausweichlich zu einem gewissen Maß von verunglückter Verständigung.

Aus Schutz ein Missverständnis behaupten

Man kann den »Geistersinn« da behaupten, wo es ihn nicht gibt. Durch das Deklarieren als »Missverständnis«, was in Wirklichkeit kein Missverständnis ist, lässt sich ein Streit mit einer hierarchisch höher gestellten Person glätten.

Das Missverständnis bietet die Möglichkeit einer Entschuldigung ohne Entschuldigung: Ein Unfall der Kommunikation führte zu der Meinungsverschiedenheit, eine unbeabsichtigte Entgleisung aus der parallel laufenden Sinnschiene. Niemand braucht sich zu entschuldigen – und doch werden alle entschuldigt.

Vielleicht ist das nicht der mutige Akt, den wir uns von einem Helden im Alltag erwarten. Aber vielleicht ist es ein gescheiter Akt, etwa wenn man das Ziel hat, seinen Job zu behalten oder seine Lehre oder sein Studium zu beenden. So setzt man den Erfolg nicht wegen einer »psychologisch problematischen Person« aufs Spiel. Wir weichen aus, weil wir sehen, dass wir auf dem eingeschlagenen Weg nicht zum Ziel kommen.

In einem Konflikt mit einer mächtigeren Person, der in eine Sackgasse geraten ist, und in dem Sie keinen Ausweg sehen, können Sie das Ganze als »Missverständnis« deklarieren und sich so hoffentlich unbeschadet aus der Affäre ziehen.

Das kreative Missverständnis

Wir können in einer kreativen Weise missverstehen, wobei der »zweite Sinn« wie das Geschenk eines guten Kobolds erscheint.

Zwei Gesprächspartner kommen auf etwas Neues, eine gute Idee, einen brillanten Einfall, weil der eine etwas sagt, der andere ihn aber missversteht.

Ich sprach zum Beispiel einmal mit einem Bekannten über einen Titel für eine neu herauszugebende Fachzeitschrift. Er sagte wohl irgendetwas mit »... drei ... Dialog« und ich verstand, falsch!, »Trialog«. Ich sagte »Trialog« und mein Gesprächspartner nahm das neue Wort freudig auf: »Ja! Trialog!« Das neue Wort war geboren.

Ich hatte, so kam es mir vor, einfach aufgenommen, nur zugehört. In Wahrheit hatte ich produziert. Ich wäre aber nie alleine auf diese Neuschöpfung gekommen.

Die Kommunikation erfuhr dadurch einen neuen Anstoß und verlief damit insgesamt produktiver. Vielleicht kennen Sie selber ähnliche Beispiele aus eigener Erfahrung.

Wer den Einfall zuerst ausspricht, der ist sein Produzent. Aber er schreibt ihn nicht sich, sondern dem Gesprächspartner zu. Es handelt sich um ein Gemeinschaftswerk. Es lässt sich nicht absichtlich herbeiführen, es »geschieht«. Das missglückte Verständnis ist in diesem Fall nützlicher als das geglückte. Voraussetzung ist, dass man über ein Problem brütet – eine Art von gemeinsamer »Ideen-Inkubation«.

Wenn Sie in einer Diskussion bemerken, dass die Teilnehmer einander unabsichtlich missverstehen, aber das Ergebnis brauchbarer ist, als das in Wahrheit Mitgeteilte, dann können Sie dankbar sein für diese Schöpfung des »Unbewussten«.

Das kreative Missverständnis kann sich geistesgeschichtlich in der Entwicklung neuer Lehren, Schulen und Richtungen auswirken. Besonders abstrakte Schriften, die naturgemäß vieldeutig sind, weil sie sich durch viele, auch unterschiedliche Beispiele veranschaulichen lassen, können die Denkarbeit ihrer Leser vorwärtstreiben, obgleich diese sie in den Augen des Autors, ihrer Zeitgenossen oder der Theoretiker späterer Generationen missverstehen.

Der Psychologe Ludwig Binswanger, er lebte im 20. Jahrhundert in der Schweiz, bringt eine neue Sichtweise in die Psychotherapie: Er versucht, die Welt so zu sehen, wie sie dem Kranken erscheint.

Binswanger nimmt an, dass es niemand gibt, der die Welt objektiv sieht. Wenn wir die Welt aber subjektiv sehen, dann unterscheidet sie sich von Subjekt zu Subjekt, das heißt, um einen kranken Menschen zu verstehen, müssen wir uns darum bemühen, die Welt so zu sehen, wie sie ihm »selbstverständlich« als »die Realität« erscheint.

Binswanger gelingt es, dieses Ziel zu erreichen, indem er sich der abstraktesten Sprache über den Menschen bedient, die er finden kann: der von Martin Heidegger. In dem Vortrag »Daseinsanalyse und Psychotherapie« sagt Binswanger: »Ihren Auf- und Ausbau verdankt die Daseinsanalytik dem Bestreben, das, womit Psychiatrie, Psychopathologie und Psychotherapie es zu tun haben, aufgrund der Daseinsanalytik, wie sie in dem genialen Werk Martin Heideggers ›Sein und Zeit‹ vom Jahre 1927 entwickelt worden ist, neu zu verstehen.« (Binswanger »Ausgewählte Werke« Bd. 3, S. 259) »Sein und Zeit« ist jenes Werk, das den Existentialismus in Deutschland und später in Frankreich geprägt hat.

Das ist der Grund zum Missverständnis: Heideggers Sprache ist keine Sprache über den Menschen. Er spricht nirgends vom »Menschen«, sondern vom »Dasein«. Ihm geht es nicht um die »Menschenkunde«, die Anthropologie, sondern um die »Seinslehre«, die Ontologie. Heidegger würde zum Beispiel nicht sagen »Der Mensch spricht«, sondern »Das Dasein spricht sich aus.« Binswanger würde den Satz »Das Dasein spricht sich aus«, läse er ihn bei Heidegger, »zurückübersetzen« zu »Der Mensch spricht.« Dagegen würde sich Heidegger wehren, weil es ihm ums Sein als »Dasein« geht.

Binswanger gibt offen zu, dass sein Verständnis Heideggers auf einem Missverstehen beruht, und zwar in dem Vorwort zu seinem Hauptwerk, das rund 650 Seiten umfasst. In »Grundformen und Erkenntnis menschlichen Daseins« schreibt er: »Wenn mir, und zwar mit Recht, der Vorwurf gemacht worden ist, dass ich Heidegger gegenüber einem, wenn auch produktiven, Missverständnis anthropologischer Art anheimgefallen sei, so besteht [...] das Produktive dieses Missverständnisses darin, dass [...] die Lehre Heideggers es ist, die unsere Untersuchung vorwärtstreibt.« (Binswanger »Ausgewählte Werke« Bd. 2, S. 4)

Wenn Sie abstrakte Literatur der Vergangenheit oder Gegenwart lesen, und wenn Sie sich fragen, ob Ihr Verständnis korrekt ist, so schieben Sie diese Bedenken beiseite: Wesentlich ist, dass selbst Ihre Missdeutung Sie in Ihrem Denken weiterbringen kann.

Es lässt sich auch absichtlich missverstehen, und zwar in einem wohlwollenden Sinn.

Wohlwollend missverstehen

Das Missverstehen ist, wie ich gezeigt habe, immer produktiv. Es produziert neben dem gemeinten Sinn einen »Geistersinn«, so dass es zu einer Verdoppelung des Sinnverstehens kommt. Im absichtlichen Missverstehen wird die Produktion des Geistersinns nicht dem Zufall überlassen, sondern in höherer Absicht gesteuert.

Ich skizziere ein Beispiel. Ich beobachte die beiden Freunde Hinz und Kunz beim Gespräch. Hinz ist der »Good Guy«, Kunz der »Bad Guy«. Was Kunz sagt, ist falsch, peinlich oder sogar böse.

Hinz hat nun drei Möglichkeiten: Er kritisiert ihn offen; schweigt; oder missversteht ihn absichtlich. Übt er Kritik, dann riskiert er ein Zerwürfnis. Schweigt er, deutet Kunz es als Ablehnung. Also dreht er den Sinn von Kunz um und versteht etwas Gescheites und Gutes.

Er tut so, als ob dieser neue Sinn von Kunz stammte. Er zeigt Kunz damit, wohin er eigentlich in seinem Gebaren und Sein hinzielen müsste. Er führt Kunz vor, wie Kunz sein könnte, wenn er so wäre, wie er sein sollte. Er macht aus Kunz einen Kunz, wie wir ihn uns wünschen. Für einen kurzen Moment wenigstens – und das unter Anwendung eines Tricks.

Auf diese Weise erreicht Hinz vielleicht das Ziel, vielleicht versteht Kunz diesen existentiellen Wink und fühlt tatsächlich einen Anstoß in sich, sich zu dem hin zu entwickeln, als der er positiv missverstanden worden ist. Es gehört schließlich zu einem wichtigen Erziehungsmittel, gute Erwartungen in einen Menschen zu setzen.

Wir kennen das Gegenteil aus leidvoller Erfahrung. Ein Lehrer sagt zum schlechten Schüler: »Von Dir habe ich mir das nicht anders erwartet.« Das kann so niederdrücken, als ob jemand sagt »Du hast ein hässliches Gesicht.«

Das positive Missverstehen bietet die Chance für eine »selbsterfüllenden Prophezeiung«: Indem ich das Gute sehe, entwickelt es sich.

Zur Übung können Sie einen Unsinn, den sie hören, absichtlich missverstehen, indem sie ihn umdeuten. Betrachten Sie diesen Versuch wie ein Wortspiel: Sie haben eine Reihe von Wörtern, aber anstatt ihnen den handelsüblichen Sinn zu verleihen, schieben sie ihnen einen anderen, besseren unter. Wenn Sie zum Beispiel mit den Worten angegriffen werden »Du bist radikal!«, dann können Sie schlagfertig kontern: »Ja, an die Wurzel gehend, von lateinisch radix ›Wurzel‹, gründlich. Ja, ich bin gründlich.«

12 | SICH SELBST WIDERSPRECHEN. EINE ANLEITUNG ZUM QUERDENKEN

Unsere Zuhörer machen uns darauf aufmerksam, wenn wir uns widersprechen, und meinen, dass es falsch ist. Denn Logik und Wissenschaft fordern die Widerspruchsfreiheit. Diese Forderung weht auch durch den Alltag.

Es kann nur eine richtig sein, wenn sich zwei Thesen widersprechen. Der »Satz vom Widerspruch«, der auf Aristoteles zurückgeht, besagt: Zwei Sätze, die etwas in derselben Hinsicht bejahen *und* verneinen, können nicht beide wahr sein, da die Bejahung etwas zuspricht, was die Verneinung abspricht (Aristoteles »Lehre vom Satz«, 6. bis 9. Kapitel).

Kann das Sichwidersprechen gut sein? Wenn ja, wozu? Oder sollte man solche Fragen nicht stellen, weil der Hausverstand Nein sagt?

Ich werde zeigen, dass Widersprüche unter anderem ein kritisches »Querdenken« ermöglichen. Immer wieder bringen sie einen auf neue Gedanken: Widersprüche sind für das Denken wie ein Glashaus für Pflanzen, das reichlich Licht, Wärme, Wasser und Dünger bietet.

Der Widerspruch fördert das Denken

Der Widerspruch fördert ähnlich wie das Fragen das Nachdenken und Weiterforschen. Die Methode hat drei Schritte:

1. Zuerst formuliert man einen Widerspruch.
2. Dann fragt man: »Was bedeutet er?«
3. Um die Frage zu beantworten, sucht man nach Beispielen. Man erfüllt den Widerspruch mit Sinn, *nachdem* man ihn konstruiert hat.

Sie kennen wahrscheinlich den Spruch »Weniger ist mehr.« Obwohl es sich um ein Paradox handelt, ist er uns schon zu geläufig, als dass er unser Denken anregen könnte. Wir können ihn »aus-wendig« und denken nicht »in-wendig« über ihn nach. Im Gegensatz zur Umkehrung: »Mehr ist weniger.« Wann ist mehr weniger?

Beispiele machen das Abstrakte verständlich. Wenn ich eine Speise perfekt gewürzt habe, dann ist mehr weniger: Mehr Gewürze erzeugen dann weniger Geschmack. Bei allem Perfekten ist es so: Jedes Mehr bringt es zum Kippen. Auch wenn ich Ordnung in der Wohnung habe, dann machen viele neue Dinge es immer schwerer, sie aufrechtzuerhalten: mehr Dinge – weniger Ordnung. Mehr Arbeit bedeutet weniger Zeit für meine Familie und mich: mehr Arbeit – weniger Selbstbestimmung.

Daraus leitete der chinesische Weisheitslehrer Laotse das Motto ab: »Reduziere täglich.« Täglich sollen wir etwas reduzieren, seien es Dateien am Computer, Fotos, Zeitungen und Zeitschriften, Bücher, die wir nie mehr lesen, Kleider, die wir nie anziehen, Speisen, die im Kühlschrank herumstehen. Jeden Tag findet sich etwas. Denn wenn wir täglich reduzieren, dann wird weniger mehr, dann kommt das Wenige, das wir tatsächlich brauchen, besser zur Geltung. Es kommt zu einer »Verwesentlichung«. Weil »mehr weniger ist«, reduzieren wir, und dadurch wird »weniger mehr«.

Paradoxa begegnen nicht nur in Religion und Philosophie, sondern auch im Fernsehen: »Nähe durch Distanz«, sagte jemand. Was bedeutet die Wendung? Die Menschen haben ein unterschiedliches Bedürfnis nach Distanz: Jemand, der großen Abstand benötigt, kann sich einem viel näher fühlen, wenn man ihn nicht einengt. So kann Distanz tatsächlich Nähe schaffen.

Wie findet man die Gegensätze? Am einfachsten mit Adjektiven, weil es viele gibt, die konträre Paare bilden. Sie können zum Beispiel »schön« versus »hässlich« substantivieren und den Gegensatz »Schönheit« versus »Hässlichkeit« bilden und die Adjektive und Substantive kombinieren zu 1. »schöne Hässlichkeit« und 2. »hässliche Schönheit«. Zuerst haben Sie nur ein sprachliches Konstrukt. Nun müssen Sie es mit Sinn, das heißt mit »Wirklichkeit« füllen.

1. Eine »schöne Hässlichkeit«, was ist das? Kann einen der Anblick eines besonders hässlichen Menschen nicht faszinieren? So dass man von seiner Erscheinung ähnlich gebannt ist, wie von einem schönen Menschen?

2. Zu »hässlicher Schönheit« fallen mir dürre Models und die von Schönheitschirurgen verunstalteten »Schönheiten« ein.

Wie Sie sehen, habe ich zuerst den Gedanken formuliert und erst in einem zweiten Schritt nach einer Entsprechung in der Wirklichkeit gesucht, die der Formulierung Sinn gibt: Die neue Gedankenform füllt sich mit neuem Inhalt.

Viele Weisheiten sind paradox. Berühmt ist beispielsweise der Spruch von Sokrates »Ich weiß, dass ich nichts weiß«, der damit die Einsicht in die eigene Unwissenheit ausdrückt. Hier sind es zwei gegensätzliche Prädikate: »wissen« – »nicht wissen«, die er verbindet.

Ahmen Sie dieses Muster nach, aber variieren Sie es. Zum Beispiel Variation 1: »Ich verstehe, dass ich momentan überhaupt nichts verstehe.« Variation 2: »Zu verstehen, was man nicht versteht, ist der erste Schritt zum vollen Verständnis.« Variation 3: »Kann der Mensch erkennen, dass er nichts erkennen kann?«

Kombinieren Sie konträre Verben. Verwenden Sie auch ein Lexikon der Antonyme, der »Gegensatzworte«. Beispiel 1: »sagen« – »nicht sagen«: »Er sagt viel und sagt nichts.« Beispiel 2: »angreifen« – »verteidigen«: »Angriff ist die beste Verteidigung.« Beispiel 3: »reizen« – »kalt lassen«: »Umso mehr die Mode reizt, umso mehr lässt sie sie kalt.« Beispiel 4: »verbessern«

– »verschlechtern«: »Die Verbesserung bedeutet eine Verschlechterung.«

Überlassen wir die Weisheit nicht anderen. Werden wir selber weise.

Vom Dialog zur Dialektik

Sicherlich kennen Sie Situationen, in denen Sie nur deshalb auf neue Ideen kommen, weil ihnen jemand widerspricht: Entweder Sie sind gezwungen, Ihre Meinung genauer zu begründen oder sie klarer zu formulieren. Das ist die positive Macht des Negativen.

Sie lässt sich nicht nur im Dialog zwischen zwei Menschen beobachten, sondern auch im inneren Dialog bewirken, der von außen ins Innere verschoben wird, so dass der Einzelne mit sich Rede und Gegenrede hält.

Wir kennen es aus der Schule: Da mussten wir in einem Aufsatz »Vor- und Nachteile«, »Für und Wider« oder, lateinisch, »Pro und Contra« von Atomkraftwerken, Jugendhäusern, Rauchverboten oder Abtreibungen abwägen. Die Themenstellung gab vor, wie wir das Thema methodisch zu behandeln hatten: Wir mussten die konträren Standpunkte ausarbeiten und uns abwechselnd einmal in diese, einmal in die gegnerische Position versetzen. Das war die sogenannte »Problemerörterung«, in der man ein Problem mit vielen »einerseits« und »anderseits« hin und her wälzte und an dessen Ende eine Lösung und persönliche Meinung stehen musste.

Diese Art des Aufsatzschreibens hat übrigens eine lange Tradition, die bis zu den Rhetoren und Sophisten der Antike zurückreicht. Die Rede und Gegenrede, durchgeführt von einer einzigen Person, diente vor allem zur Vorbereitung von Angriff und Verteidigung bei Gericht.

Wenn wir über etwas nachgrübeln, können wir uns methodisch diszipliniert verhalten: Ähnlich wie bei

Gericht können wir abwechselnd die Rollen des Klägers, Verteidigers und Richters übernehmen. Wir können bei jedem Gedanken auch sein Gegenteil durchdenken, These und Antithese herausarbeiten und beide begründen. Wir können Kritik und Gegenkritik prüfen und Beweise für Behauptungen verlangen. Wir können eine Verbindung der konträren Sichtweisen anvisieren, so dass beide Streitparteien in verschiedener Hinsicht Recht bekommen.

Dadurch wird aus dem »Dialog« eine »Dialektik«. Die Wörter »Dialog« und »Dialektik« sind verwandt: In beiden steckt das griechische Wort *dia* »zwei« und *legein* »sprechen«. Ein »Dialog« ist ein Gespräch zwischen zwei Menschen, das entweder harmonisch oder widersprüchlich sein kann. Die »Dialektik« kann ich auffassen als einen widersprüchlichen Dialog *eines* Menschen mit sich selbst. Sie ist ein Streit der Gedanken, aber mit dem Ziel der Einigung: Eine neue Erkenntnis soll entstehen durch Integration der Gegensätze.

Wenn man sich nur hier und da widerspricht, gilt der Widerspruch als Fehler, wenn man es hingegen methodisch tut, handelt es sich um »Dialektik«. Denken Sie im Zickzack und fassen Sie das Ergebnis entweder in einer harmonischen Lösung oder in einem unauflöslichen Paradox zusammen.

Auch praktisch lässt sich das anwenden. Sie können zum Beispiel einen Streit dadurch entschärfen, dass Sie die konträren Meinungen auf den Punkt bringen und einander gegenüberstellen: Zum einen Gesprächspartner sagen Sie »Du behauptest X« und zum anderen »Du behauptest das Gegenteil, nämlich Nicht-X.« Auf diese Weise schaffen Sie einen Überblick, eine »supervisorische Distanz«.

Oder verarbeiten Sie das Wischiwaschi einer endlosen Besprechung zu einem Widerspruch und konfrontieren Sie damit die Teilnehmer. Denn wenn man in Diskussionen diffuse Meinungsverschiedenheiten zu einem Widerspruch »schärft«, also einen logischen Widerspruch aus dem Gesagten konstruiert und ihn den Beteiligten vorhält, dann sprechen sich diese oft präziser und konkreter aus, so dass man einander besser versteht und eher zu einer Einigung kommt. Vielleicht entdeckt man auch, dass man gar nicht so weit auseinanderliegt, wie ursprünglich angenommen.

Querdenken

Die kürzeste Möglichkeit des Widerspruchs ist ein Oxymoron. Ein Oxymoron ist die Einheit aus zwei Gegensatzwörtern. Das griechische Wort gibt ein Beispiel von sich selbst: Wörtlich bedeutet es »klugdumm«.

Es lassen sich gegenteilige Adjektive kombinieren wie etwa »eine dumm-kluge Politik«, »eine hässlich-schöne Einkaufsstraße«, »eine lustig-langweilige Zusammenkunft«, »eine absichtlich-zufällige Erfindung« oder »eine unbewusst-bewusste Gefahr«. Oder man stellt ein Adjektiv, das den Gegensatz zu einer Eigenschaft des Substantivs ausdrückt, als Beiwort vor das Substantiv wie zum Beispiel in »viereckiger Kreis«, »vertraute Fremdheit«, »schwarzes Gold«, »großes Baby« (das Kind im Mann), »apathisches Interesse« oder »erwartete Überraschung«.

Ich habe einmal in der Universität einen Studenten getroffen, der hatte das, wenn er vor Publikum sprach, fast in jedem Satz gemacht, und dadurch einen sehr intelligenten Eindruck erzeugt. Ich war mir nicht sicher, ob er sich die Kombinationen vorher überlegt hatte.

Was für uns wie das verstaubte Wissen eines Humanisten anmutet, ist in den USA lebendig. Suchen Sie im Internet nach dem Wort »Oxymoron« und zwar auf »News«-Webseiten. Da gibt es zum Beispiel die Rubrik »Today's Oxymoron«: Ein Journalist deutet die »internet privacy« als Unmöglichkeit und zwar als Widerspruch zwischen »internet« und »privacy«; weil jeder Computer eine Art Telefonnummer besitzt, die IP-

Adresse, so dass jeder Klick von uns auf uns zurückführbar ist.

Das Oxymoron ist nicht etwas, dass Sie durch Zusammenstellen von Gegensatzwörtern bilden müssen, eher empfehle ich Ihnen, es durch Deutung von Alltagsausdrücken zu *entdecken*. So kommt es zu einem Effekt des »Querdenkens«: Was für andere selbstverständlich scheint, wird zum Objekt der Kritik.

Ein *Personal Computer* zum Beispiel ist »personal«, weil der Computer ursprünglich einen ganzen Raum gefüllt hat und eine Miniaturisierung und Verbilligung erfahren hat, die es jedem ermöglichte, seinen eigenen Computer zu besitzen oder sogar mit sich herumzutragen. Wer querdenkt, deutet einen Widerspruch in den Ausdruck, etwa so: »Der Computer ist nie persönlich: Wenn wir am Computer sitzen, dann wie Millionen andere mit den gleichen Programmen, Texten, Bildern, Liedern und Filmen. Der Computer nivelliert uns. Und da Firmen und Geheimdienste uns ausforschen, muss man damit rechnen, dass nichts, was auf dem Computer ist, privat bleibt.«

Die Deutung als Oxymoron ist ein Mittel der Gesellschaftskritik: Es kommt zur Kontroverse zwischen der üblichen und der neuen Auffassung. Indem wir uns größer als die Widersprüche erweisen und sie beide in unser Denken aufnehmen, bereichern wir unser Denken um beide Standpunkte. Es folgt eine Reihe von Beispielen, in denen ich Ausdrücke absichtlich nicht in der gewohnten Weise auffasse.

Trockener Wein. Der »trockene Wein« ist ein Unding, wäre er trocken, dann wäre er verdunstet oder fest, aber nicht flüssig.

Kantinenessen. Das Essen in der Kantine ist, mit wenigen Ausnahmen, ein Fraß. »Kantine« und »Essen« widersprechen sich.

Sich natürlich benehmen. Sich benehmen heißt immer: sich kontrollieren, und sich kontrollieren heißt:

unnatürlich sein. Wir sind natürlich nur, wenn wir uns gehen lassen können.

Designer Jeans. Die Jeans ist die meist getragene Hose der Welt. Die »Designer Jeans« ist nicht in besonderer Weise designed. Eingenäht ist nur ein Etikett mit dem Namen des Designers. Sie ist gemacht für die Eitelkeit ihrer Träger, die mehr Geld für das gleiche bezahlen. Und die Werbung machen, kostenlos und gerne. Ein Traum jeder Firma!

Nichtstun. In unserer Gesellschaft ist es unmöglich, nichts zu tun: Selbst das Nichtstun ist ein Tun. Immer müssen wir betriebsam sein, auch in der Freizeit. Sogar im Schlaf sollen wir das bewusste, das sogenannte »luzide« Träumen erlernen und unerforschte innere Welten erkunden.

Gegenwartsgeschichte. Geschichte ist Geschichte des Vergangenen, die Gegenwart ist nicht vergangen, also kann es keine Geschichte der Gegenwart geben. Und doch unterrichten sie Hochschullehrer an der Universität.

Genaue Zusammenfassung. Eine Zusammenfassung muss die Details weglassen. Sie ist deshalb immer ungenau.

Ein Star. Es gibt mehr Sterne als Menschen. Die meisten Sterne bestehen aus glühendem Gas und Gestein, sind unbewohnbar und öde. Bedeutet es da eine Auszeichnung, jemand als Star zu bezeichnen?

13 | VERSCHLIMMBESSERN ODER WIE DIE KORREKTUR DES FEHLERS DEN FEHLER ERZEUGT

In diesem Kapitel plädiere ich dafür, manchmal die Dinge so sein zu lassen, wie sie sind. Auch wenn sie uns nicht ganz richtig erscheinen und wir uns unsicher sind. Denn im Wunsch nach Perfektion laufen wir Gefahr, zu »verschlimmbessern«.

Wie man sein Wissen verliert

Angenommen, jemand *weiß* etwas. Erstens, es gibt eine Wahrheit, egal was philosophische oder wissenschaftstheoretische Theorien sagen; zweitens, jemand hat tatsächlich eine Wahrheit erfasst.

Er, nennen wir ihn Dr. Wissend, weiß etwas und glaubt es auch zu wissen. Käme eine göttliche Instanz, die alles weiß und überprüfte sein Wissen, dann würde sie sagen »Wahrlich, Du weißt es. Ich habe nichts dazu zu sagen.« Aber diese göttliche Instanz kommt nicht, und so *glaubt* Dr. Wissend nur zu wissen, das heißt, *er weiß nicht, dass er weiß.*

Nehmen wir nun an, eine andere Person, Herr Klüger, kommt, der es besser weiß, so meint er zumindest. Er überzeugt Dr. Wissend von seinem Wissen. Dr. Wissend ist dankbar, dass man ihn auf seinen Fehler hinweist, und korrigiert sein Wissen. Aber damit erzeugt er etwas Falsches. Gerade durch den Akt der Korrektur erzeugt er etwas Falsches. Angestachelt zur Korrektur hat ihn eine andere Person, die es besser zu wissen glaubte. Da Dr. Wissend nur zu wissen *glaubte*, so glaubt er nun Herrn Klüger, und verliert gerade dadurch sein Wissen.

Herr Klüger mag sich in einer übergeordneten Position einer Machthierarchie befinden. Oder ein rhetorisches Talent sein. Oder viele Leute namhaft machen, die sein Wissen bestätigen. Ist Herr Klüger schuldiger als Dr. Wissend, der sich von seiner wahren Meinung hat abbringen lassen?

Wenn man seine Gedanken mit der Wirklichkeit zur Übereinstimmung gebracht hat und sich von einem »Besserwisser« eines Besseren belehren lässt, dann verdummt man sich selbst. Das ist die Gefahr der Besserwisserei: Das bessere Wissen als Nicht-Wissen zerstört das Wissen.

Das übermäßige Bemühen um Korrektheit führt zu Fehlern. Unter Umständen müssen wir etwas so sein lassen, wie es ist, selbst wenn es uns nicht ganz richtig erscheint. Oder starrsinnig bleiben, wenn uns jemand korrigieren will. Ansonsten laufen wir Gefahr, das Angezweifelte, das im Grund doch ein Richtiges ist, zu berichtigen und damit zu vernichten.

Das Ideologem der universalen Verbesserbarkeit

Fragen Sie mehrere Ihrer Bekannten, ob sie der Meinung sind, dass alles, was gemacht werden kann, besser gemacht werden kann. Ich vermute, alle bejahen. Denn selbst das Beste lässt sich noch toppen.

Der Satz »Alles, was man macht, lässt sich besser machen« ist ein metaphysischer Satz, das heißt, er stammt weder aus der Erfahrung noch lässt er sich durch Erfahrungen beweisen oder widerlegen. Denn selbst wenn ich etwas nicht besser machen kann, so heißt das noch lange nicht, dass es nicht jemand anderer besser machen könnte. Was heute nicht verbessert werden kann, gelingt vielleicht morgen. Wer weiß?

»Ihr wandelt droben im Licht / Auf weichem Boden, selige Genien! / Glänzende Götterlüfte / Rühren euch leicht ... / Doch uns ist gegeben, / Auf keiner Stätte zu ruhn, / Es schwinden, es fallen / Die leidenden Menschen / Jahr lang ins Ungewisse hinab«, dichtete Friedrich Hölderlin (aus dem Gedicht »Hyperions Schicksalslied«). Wir wünschen uns, zu den seligen Genien zu gehören.

Die Werte meiner Sprache bedeuten die Werte meiner Welt. Diese Wörter lassen unsere Herzen höher schlagen, sie bedeuten die Werte unserer Welt: »Bestleistung«, »Blüte«, »Elite«, »Gipfel«, »Glanzleistung«, »Kleinod«, »Krone«, »Makellosigkeit«, »Meisterleistung«, »Muster«, »Nonplusultra«, »Optimum«, »Perfektion«, »Perle«, »Prachtexemplar«, »Preisträger«, »Prunkstück«, »Schönheitskönigin«, »Sieg«, »Star«, »Sternstunde«, »Vorbild« und »Weltgeltung«. Demgegenüber diagnostizieren wir »Armutszeugnisse«, »Bankrotterklärungen«, »Beulen«, »Defekte«, »Eigenheiten«, »Eigenwilligkeiten«, »Fehler«, »Flecken«, »Gebrechen«, »Hilflosigkeiten«, »Inkompetenzen«, »Lücken«, »Machtlosigkeiten«, »Mankos«, »Mängel«, »Patzer«, »Risse«, »Schrammen«, »Schwächen«, »Schönheitsfehler«, »Versäumnisse« und »Enttäuschungen«. Wir wollen das krumme Sein geradebiegen. Wo und wann hören wir auf?

Überkorrektur oder das Verschlimmbessern nach Regeln

Den treffendsten wissenschaftlichen Ausdruck für »Verschlimmbessern« habe ich in der Linguistik gefunden. Die Sprachwissenschaftler sprechen von »Überkorrektur«, von »Hyperkorrektur«. Das Wort bezeichnet ein braves Regelbefolgen – nach *falschen* Regeln.

Eine Hyperkorrektur erzeugt Fehler, weil jemand korrekt sein will. Er will Fehler vermeiden und wendet deshalb eine Regel an – eine falsche. So wie man, wie der Volksmund sagt, »zur richtigen Zeit am richtigen Ort sein« kann, so kann man, negativ gewendet, eine Regel zur falschen Zeit am falschen Ort anwenden. Linguistisch bedeutet es, dass man sich streng an die Regeln etwa der Aussprache, Rechtschreibung oder Grammatik hält oder besser: zu halten meint, und dadurch entweder etwas Falsches erzeugt oder etwas korrigiert, das schon korrekt ist. Kurz: Hyperkorrektur bedeutet eine Fehlanwendung von Regeln aus Überkorrektheit.

Eine Schülerin schreibt zum Beispiel in einem Aufsatz: »Sie war die aufmerksamste der Zuhörerinnen.« Jetzt kommen ihr aber Zweifel: Schreibt man »Sie war die *Aufmerksamste* der Zuhörerinnen« oder »Sie war die *aufmerksamste* der Zuhörerinnen«? Um die Frage zu beantworten, entwickelt sie den folgenden logischen Gedankengang:

Immer wenn ich einem Wort direkt den bestimmten Artikel voranstellen kann, dann handelt es sich um ein Substantiv; (Obersatz)
nun steht der bestimmte Artikel direkt vor einem kleingeschriebenen Wort; (Untersatz)
ergo muss diese Schreibung falsch sein. (Konklusion)

Das ist eine Schlussfolgerung, ein Syllogismus, dessen Obersatz (»immer wenn«) falsch ist, denn laut »Österreichischem Wörterbuch« (§ 58 der »Amtlichen Regelung der deutschen Rechtschreibung«) schreibt man ein Adjektiv trotz Artikel klein, wenn es sich auf ein nachstehendes Substantiv bezieht. Zwar ist der Untersatz richtig und auch das Schließen ist formal richtig. Das inhaltliche Ergebnis, die Konklusion, ist aber falsch.

Eine Regel soll helfen, das Ungewisse gewiss und das Unsichere sicher zu machen. Da es aber mehr Rechtschreibfragen gibt, als je ein Mensch beantworten kann, greift unsere Schülerin im Fundus der Regeln daneben. Der Wunsch nach dem Besseren erzeugt das Schlechtere.

Generell gesagt: Immer wenn in einem logischen Schluss von einer *falschen* Allgemeinregel auf einen Einzelfall geschlossen wird, der richtig ist, der aber korrigiert wird, dann liegt eine Hyperkorrektur vor. Dann wird im Sinn der falschen Regel berichtigt, was schon richtig ist. Dann kommt es zur Produktion des Falschen – und zwar im Namen des Richtigen.

Falsche Regel (Obersatz)
Richtiger Einzelfall (Untersatz)
Falsche Forderung nach Korrektur des bereits Richtigen (Konklusion)

Es kommt zu Denk- und Handlungsfehlern, wenn wir die Regeln nicht in ihrem Gesamtumfang kennen, aber unbedingt eine anwenden wollen. Wie wenn ein Student der Rechtswissenschaft einen Rechtsfall falsch beurteilt, weil er ihn dem falschen Gesetz zuordnet, weil er die passenden Gesetze nicht kennt und nur jene Gesetze heranzieht, die er bisher gelernt hat.

Stellen wir uns sämtliche Ratgeber-Bücher der Welt vor. Sie alle enthalten Regeln, Anweisungen, die vielleicht richtig sind, aber: Wer schützt uns davor, dass wir sie falsch anwenden? Bei Unsicherheit gilt: Gelassen sein und sein lassen. So schützen wir uns wenigstens vor Verschlimmbesserungen.

Pedanterie

Am Sonntag, wenn man als Fußgänger vor einer Ampel steht, die Rot anzeigt, wobei weit und breit kein Auto sichtbar ist, weil frühmorgens alle schlafen, verliert die Ampel ihren Zweck, nämlich den Zusammenstoß von Fußgänger und Autos zu verhindern. Sicherlich sind wir gesetzlich dazu gezwungen, auch in diesem Fall unsere Wartepflicht zu erfüllen. In der Rushhour an dieser Stelle zu warten, zeugt von Korrektheit, in diesem Fall aber von Hyperkorrektheit. Jede Norm hat ihr eigenes Maß. Wird sie übererfüllt, dann wird sie zum Selbstzweck und verliert ihren praktischen Sinn. Pedanterie!

Die Hyperkorrektheit stellt einen falschen Normengebrauch dar. Zwar ist die Norm zuständig, sie darf aber nicht angewendet werden, weil sie ihren Zweck nicht erfüllen kann. In einem solchen Fall ihre Einhaltung von sich und seinen Mitmenschen zu verlangen, verschlimmbessert im Namen der Richtigkeit das Leben. Und macht uns zu Untertanen der Regeln.

Besserwissen oder mit Regeln glänzen

Häufig sind es die Besserwisser, die verschlimmbessern.

Das Besserwissen ist tatsächlich ein Wissen: ein Regel-Wissen. Es gibt Sachgebiete, in denen die Besserwisser die Regeln richtig anwenden. Weil sie gescheiter sein wollen, übertragen sie diese in ein Gebiet, in denen sie nichts zu suchen und nichts verloren haben, und wenden sie auf falsche Fälle an.

Ihr erster Fehler besteht darin, das Richtige nicht als solches erkannt zu haben. Der zweite darin, nicht das eigene Nicht-Wissen festzuhalten, zu einem Problem zu machen und als Frage zu formulieren, die leitend wird in weiteren Recherchen und Nachforschungen. Der dritte in dem Wunsch, unbedingt zu glänzen.

Besserwissen ist gefährlich – es zerstört Richtiges.

Der falsche Umgang mit Regeln

Immer wieder ist es der falsche Umgang mit Regeln, der zu Verschlimmbesserungen führt. Entweder werden die Regeln übererfüllt oder da angewandt, wo sie nicht passen. Das kann sich in den verschiedensten Bereichen des Alltags zeigen.

Overdressing. Etwa wenn jemand in dem übertriebenen Wunsch, sich passend zu kleiden, die Kleidervorschriften übererfüllt und sich weit über dem für eine bestimmte Region oder Situation üblichen Maß hinaus elegant kleidet. Was in Italien beispielsweise im Alltag normal ist, wirkt bei uns etwas übertrieben.

Kindererziehung nach Ratgebern. Anstatt auf ihr Gespür, verlassen sich manche Mütter und Väter in der Erziehung ihrer Kinder zu sehr auf die Regeln in Ratgeber-Büchern. In den 1960er Jahren gab es Mütter, die ihre Kinder auf die Waage legten und weniger zu essen gaben, um den Normvorschriften ihrer Zeit zu entsprechen, selbst wenn die Kinder hungerten – sie taten es selbstverständlich mit den besten Absichten.

Die *Hypernormalisation* besteht im Bestreben, unter allen Umständen normal zu wirken und nicht aufzufallen. Das kann zum Beispiel ein Arbeitsloser sein, der in der Früh sein Jausenbrot packt und pünktlich in der Früh das Haus verlässt, um den Nachbarn und sich selbst einen normalen Arbeitsalltag vorzuspielen. Die Hypernormalisation ist eine Dissimulation, das heißt, ein Verbergen der wahren Situation, und eine Simulation, das heißt, ein mimetisches Sotun, als ob man den anderen gleich wäre.

Overengineering in der Softwareentwicklung. Dazu kommt es, wenn eine Softwarearchitektur durch zu viele Regeln und Lösungsmuster überplant wird. Oftmals entspringt dieses Extrem einer Erfahrungslosigkeit mit dem betreffenden Problemkreis und dem Wunsch, das, was man in Lehrbüchern gelesen hat, zum ersten Mal anzuwenden.

Nicht alle Verschlimmbesserungen kommen von einem falschen Regelgebrauch. Wenn ich etwa in dem Versuch, eine Speise besonders schmackhaft zu machen, mehr und mehr Gewürze hinzufüge und so das Gericht überwürze, dann hätte ich mich besser an das Rezept gehalten.

Was wir lernen können

Die meisten hegen die Überzeugung, dass sich alles verbessern lässt. Das bedeutet, dass in dieser Sichtweise alles irgendwie falsch und fehlerhaft ist. Die Gefahr dabei ist, dass man mit guten Absichten Dinge verschlechtert. Besonders wenn es um die Anwendung oder die Einhaltung von Regeln geht, sollte man sich fragen, ob man die richtige Regel gefunden hat, und wenn ja, ob es wirklich etwas nützt, sie einzuhalten.

Vieles erscheint uns als falsch. In manchen Situationen empfiehlt es sich aber, locker zu bleiben und Fünfe *un*gerade sein zu lassen.

14 | FEHLER UND GEGENFEHLER ALS KOMPASS

»Kein Unheil ist größer, als nicht zu wissen, was genug ist«, lehrte Lao-tse in China, vermutlich im 4. Jahrhundert vor Christus. »Weiß man, wann genug genug ist, hat man beständig genug.« (Daodejing (Tao Te King), Kapitel 46, Übersetzung von Ansgar Gerstner) Wie die Haut, die an der einen Stelle zu fett und an der anderen zu trocken ist, haben wir in der einen Hinsicht zu viel und in der anderen zu wenig, ohne in der Lage zu sein, beides auszugleichen.

Wir essen zu viel und bewegen uns zu wenig. Wir kaufen zu viel und sparen zu wenig. Wir arbeiten zu viel für andere und zu wenig an uns selbst. Wir sitzen zu viel vor dem Computer und kümmern uns zu wenig um … Und und und.

Jeder Maßfehler hat einen Gegenfehler. Das Korrekturgesetz lautet: Bist Du zu faul, dann lerne von den Workoholics. Bist Du zu scheu, dann nimm Dir die Selbstdarsteller zum Vorbild, die sich in Gesellschaft theatralisch und dominant in den Mittelpunkt drängen. Bist Du zu sensibel, dann mache es wie die Haudegen und Vorschlaghammer-Menschen, die nichts spüren, wenn sie als Werkzeuge benutzt werden. Lerne von der Person, über die Du Dich ärgerst – vielleicht hat sie von dem zu viel, von dem Du zu wenig hast.

Wir können in die Schule des Gegenfehlers gehen, um einen Maßfehler zu korrigieren: Im Folgenden möchte ich zeigen, wie jedem Fehler, in dem eine Maßlosigkeit begangen wird, ein Gegenfehler gegenübersteht, der seine Korrekturrichtung anzeigt. Von allem Guten kann des Guten zu viel getan werden. Stets müssen wir etwas balancieren, wie wenn wir einen vollen Suppenteller zum Tisch tragen.

Das Problem: Zuviel und Zuwenig zerstören

»Alles, was irgendwie einen Wert darstellt, kann seiner Natur nach durch ein Zuviel oder Zuwenig zerstört werden«, schreibt Aristoteles in seiner »Nikomachische Ethik«. (Buch II 1104) Darin erläutert er seine Lehre von der Tugend als der rechten Mitte zwischen zwei Extremen: »Die Körperstärke wird durch ein Zuviel an Sport genauso geschädigt wie durch ein Zuwenig. Übermaß in Speise und Trank richtet die Gesundheit ebenso zugrunde wie Unterernährung, während ein richtiges Maß sie erzeugt, steigert und erhält. Wer vor allem davonläuft und sich fürchtet und nirgends ausharrt, wird feig, wer überhaupt vor nichts Angst hat und auf alles losgeht, tollkühn. Desgleichen wird, wer jede Lust genießt und sich keiner enthält, zügellos, wer aber jede Lust flieht, wie die sauertöpfischen Leute, verfällt in eine Art Stumpfsinn. So wird Mäßigkeit und Tapferkeit durch das Zuviel und das Zuwenig zerstört, dagegen bewahrt, wenn man der rechten Mitte folgt.« (Aristoteles »Nikomachische Ethik« Buch II 1104)

Es herrscht wohl weitgehend Einigkeit der Menschen darüber, dass nicht nur alles Zuwenig, aller Mangel Leid bringt, sondern auch alles Zuviel Schaden anrichtet. Wer es nicht glaubt, wird es am eigenen Leib erfahren. Mäßigkeit ist notwendig. Die Erkenntnis ist bald gemacht, schwer allein ist die konsequente Umsetzung in die Tat.

Was soll ich tun? Der Gegenfehler weiß es

Bei allen Maßfehlern zeigt der Gegenfehler die Lösungsrichtung des Problems an. Die Lösung verwirklicht das *bis zu einem bestimmten Grad*, was der Gegenfehler *einen bestimmten Grad überschreitend* in die Tat umsetzt.

Beim Kochen zum Beispiel kann ich zu viel oder zu wenig Salz verwenden. Verwende ich zu wenig Salz, dann zeigt mir das Versalzen in übertriebener Weise an, was ich tun muss. Versalze ich, dann verweist mich das Unterwürzen überspitzt auf die Lösung: »Lieber unterwürzen als versalzen.«

Im Gesangsunterricht kann ich zu laut oder zu leise singen. Beides ist zwar falsch, aber ich beweise damit, dass ich beides beherrsche: Falls ich zu leise singe, so muss ich das Lautsingenkönnen hervorkehren – und umgekehrt. Die Fehler sind nicht Zeugen der Unfähigkeit, sondern Fähigkeitsbeweise. Was noch geübt werden muss, ist das Ausbalancieren und, wie bei einer Waage, das Austarieren.

Um es im Bild des Bogenschützen zu sagen: Wer den Bogen überspannt und den Pfeil über das Ziel hinaus schießt, schießt zwar daneben, beherrscht aber den Bogen: Der Bogenschütze besitzt die Geschicklichkeit, den Bogen aufzuspannen und die Kraft, ihn anzuspannen; die Akte »Heben«, »Ziehen«, »Lösen« gelingen. Genauso, wenn er zu kurz schießt. Der Bogenschütze ärgert sich vielleicht über den Schuss und sich selbst. Irgendwann aber wird er die Harmonie aus beiden Fehlern finden und ins Schwarze treffen.

Wenn wir einen Fehler machen, dann beweisen wir zudem, dass wir zu der Handlung fähig sind, die zu dem Fehler geführt hat. Die »Fehl«-Handlung, neutral als »Handlung« aufgefasst, bedeutet eine Fähigkeit in unserem Handlungsrepertoire. Und in einem anderen Kontext kann sie unsere Handlungsmöglichkeiten bereichern.

Wer zum Beispiel eine deutlichere Aussprache erlernen will, kann Texte zur Übung überzogen deutlich aussprechen. Im normalen Sprechen »schleift sich die Überartikulation ab«, sagen Sprechlehrer. Um im Gesangsunterricht das Crescendo, die »Zunahme der Lautstärke«, zu üben, kann der Schüler vom »Zuleise« ausgehen und allmählich lauter werden; beim Üben des Decrescendo, der »Abnahme der Lautstärke«, kann er umgekehrt vom »Zulauten« ausgehen und allmählich leiser werden. Die Extreme, die beiden Fehler, werden in die Übung eingebaut. Wer es schafft *kontinuierlich* von der einen Übertreibung zu der anderen zu gelangen, also von dem einen Falschen zum anderen Falschen, der findet später das rechte Maß.

Sicheres Anzeichen für das Bestehen eines Maßfehlers ist es, wenn man bei der Korrektur von Quantität oder Intensität in das andere Extrem fällt, wenn etwa in dem Musikbeispiel der Gesangslehrer sagt: »Zuerst hast Du zu laut gesungen, jetzt singst Du zu leise.« Das Maß muss sich manchmal zwischen den möglichen Extremen einpendeln, indem man bald den einen, bald den gegenteiligen Fehler macht.

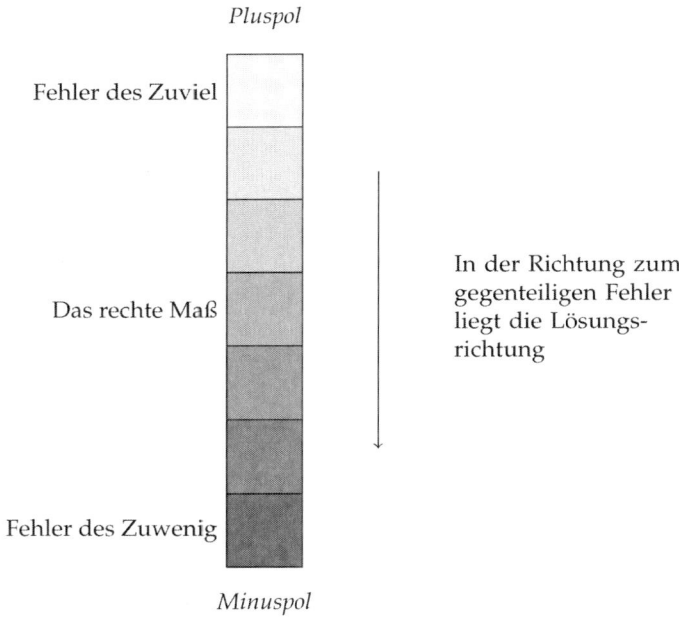

Pluspol

Fehler des Zuviel

Das rechte Maß

In der Richtung zum gegenteiligen Fehler liegt die Lösungsrichtung

Fehler des Zuwenig

Minuspol

Wenn ich selbst es bin, der bald in das eine, bald in das andere Extrem fällt, dann beherrsche ich das »Problemlösungshandeln« bereits. Ich kann mich an der Gegenhandlung orientieren, muss mich aber etwas mehr zurückhalten.

Wenn nur ich es bin, der in das eine Extrem fällt, ein anderer aber in das andere, dann kann ich von ihm lernen, muss aber rechtzeitig eine Grenze ziehen, um nicht in den Gegenfehler zu fallen. Ich bin zum Beispiel »auf dem Land« aufgewachsen, wo das Grüßen von Unbekannten selbstverständlich ist. Hier in Wien gibt es immer wieder Leute, die sich entschlossen haben, Unbekannte oder Halb-Bekannte nicht zu grüßen, im Stiegenhaus nicht, bei Kursen nicht, in der Arbeit nicht. Da ich mich immer wieder darüber geärgert habe, musste ich von diesen Leuten lernen: Statt dem Grußautomatismus übernehme ich nun selbst die Kontrolle und blicke solchen Leuten in die Augen, ohne sie zu grüßen – auch wenn es mir unangenehm ist.

Der Gegenpart gibt die Korrekturrichtung an

Ein Mensch mit gegenteiligen Charaktereigenschaften hat oft von dem zu viel, von dem man selbst zu wenig hat.

Der Psychologe Fritz Riemann beschreibt in »Grundformen der Angst« vier Persönlichkeitstypen, die wie »Norden und Süden« und »Westen und Osten« konträr zueinander stehen. Er unterscheidet einerseits die schizoiden und die depressiven Persönlichkeiten, anderseits die zwanghaften und die hysterischen. Bei jedem löst etwas Anderes Angst aus.

Schizoide – Depressive. Der Schizoide ängstigt sich vor der Nähe von Menschen, lässt niemanden im Intimen an sich heran, ersetzt das Persönliche durch das Sachliche und wirkt deshalb kalt und distanziert. Der Depressive hingegen hat Angst vor dem Alleinsein und wünscht sich Nähe; statt sachlich die Dinge zu durchdenken und sich zielstrebig die Wünsche zu erfüllen, erwartet er sich passiv Hilfe von außen. Der eine hat zu viel von dem, was dem anderen fehlt: Der

Schizoide muss Hingabe lernen, der Depressive Selbständigkeit.

Zwanghafte – Hysterische. Der Zwanghafte hat Angst vor Veränderungen: In Routine, Plan, Übersicht und Ordnung findet er Sicherheit. Alles soll beim Alten bleiben. Der Hysteriker dagegen hat Angst vor Verpflichtungen: Er liebt die Freiheit, die Zukunft, das Neue und das Unbekannte. Wieder hat der eine zu viel von dem, was dem anderen fehlt: Der Zwanghafte benötigt natürliche Spontanität, der Hysterische freiwillige Pflichten.

Die Menschen auf vier Typen zu reduzieren, ist falsch, weil jeder Mensch so einzigartig ist wie sein Fingerabdruck. Aber wenn man sich in der Vielfalt orientieren will, dann kommt man ohne Typisierung nicht aus.

Versuchen Sie, sich und die Menschen ihrer Umgebung denjenigen Typen zuzuordnen, die Sie für richtig halten. Wer entspricht am ehesten ihrem Gegenpart? Können Sie sich an ihm ein Beispiel nehmen? Welche Handlungsmuster lassen sich abschauen?

Das rechte Maß hängt von der Vorstellung ab

Maßfehler sind Fehler und Korrektive zugleich. Was aber ist das »rechte Maß«? In einem Backbuch gibt der Bäcker die rechten Maße von den Zutaten eines Kuchens an. Der fertige Kuchen soll so aussehen, wie ein schöner Kuchen aussieht, und so schmecken wie bei der Mutter. Wenn der Kuchen tatsächlich so wird, *wie man ihn sich vorgestellt hat,* dann sind die Maße recht verteilt. Wenn mein Körpergewicht den Idealvorstellungen der Medizin entspricht, das heißt, wenn ich gemäß dem »Body Mass Index« nicht zu schwer oder zu leicht bin bei meiner Körpergröße, dann gelte ich als »normalgewichtig«. Ändern sich die Norm-Vorstellungen, ersetzt der Arzt zum Beispiel den »Body Mass Index« durch einen anderen »Index«, dann

gelte ich vielleicht als »übergewichtig« oder »unter-
gewichtig«. Wie sieht es die Traditionelle Chinesische
Medizin? Gelte ich in ihr auch, sagen wir, als »normalgewichtig«, oder hat sie ein anderes Körperideal? Das
rechte Maß hängt letztlich von einer Vorstellung ab.

Manche Männer zum Beispiel finden dicke Frauen
schöner als dünne. Und manche Frauen kommen sich
immer zu dick vor. Das rechte Maß ändert sich von
Wunschvorstellung zu Wunschvorstellung: Was in der
einen richtig ist, ist in der andern falsch.

Darin liegt eine Chance: Manchmal können Maßfehler durch Änderung der Wunschvorstellung zum Verschwinden gebracht werden. Ich habe einen dicken
Bauch, aber ich lege mich nicht unters Messer. Ich gebe mich zufrieden mit dem, was ich habe. Ich passe
nicht die Wirklichkeit dem Wunsch an, sondern den
Wunsch der Wirklichkeit. So wird aus »zu viel« »gerade recht« und aus »zu wenig« »gerade genug«.

Eine Übertreibung gilt uns selbstverständlich als
falsch. Denn sie berücksichtigt Wichtiges nicht. Sie
schneidet Teile aus der Wirklichkeit heraus, pumpt sie
auf und lässt den Rest verschwinden. Demgegenüber
möchte ich zeigen, wie nützlich sie sein kann, und die
folgenden Themen behandeln:

1. *Psychohygiene.* Die Übertreibung hilft, Abstand
zu gewinnen. Wir neigen, wenn wir ein psychisches
Problem haben, zur Übertreibung, ohne es zu merken. Aber wenn wir eine »Übertreibungen der Empfindung« in eine sprachliche übersetzen, dann stellen wir
das Problem vor uns hin, sehen seine Verzerrung und
können dagegen angehen. Wir sind ihm nicht mehr
ausgeliefert. Wir malen gleichsam den Teufel an die
Wand und erkennen, dass wir die Wirklichkeit nicht
sachlich betrachten, sondern »überzeichnen«, also etwas »darüber zeichnen«.

2. *Technik.* Das Übertreiben in unserer Fantasie ist
außerdem wichtig, um verantwortungsvoll mit den
Möglichkeiten der Technik umzugehen – heute scheinbar »bloße Gedanken« können sie morgen Tatsachen
werden mit unvorhergesehenen Auswirkungen.

3. *Satire.* Die Übertreibung spielt auch eine Rolle in
der Erkenntnis. Manche nennen sie »Vergrößerungs-
glas« oder »Teleskop«, beides Instrumente, die Winzi-
ges sichtbar machen, einmal in der Nähe, einmal in der
Ferne. Die Satiriker verwenden sie, um mit Scheinwer-
ferlicht unsere Torheiten zu beleuchten: Der Karikatu-
rist erfasst und übertreibt die Besonderheiten des Por-
trätierten.

Probleme humorvoll überzeichnen

Eine Befürchtung wird leicht zu einer Übertreibung der Empfindung. Ich fahre auf Urlaub, und sobald ich am Flughafen stehe, befürchte ich, dass zu Hause ein Brand meine Computer-Dateien löschen könnte, in denen die Arbeit von Monaten steckt. Diese Übertreibung hat den Nachteil, dass sie nur für Außenstehende als solche erkennbar sind. Für mich selbst bedeutet sie reale Angst.

Rekapitulieren Sie Ihr Leben. Betrachten Sie nur Ihre Misserfolge und sehen Sie an den Erfolgen nur, was schiefgegangen ist. So können Sie sich einfühlen in jemanden, der sich als Versager fühlt, als Clown, dem alles missglückt und über den die Menschen lachen. Sehen Sie zudem nur alles Schlechte in der Welt und lassen Sie alles Gute weg, dann nehmen Sie die Sicht eines Verzweifelten ein. Ein solcher Mensch hebt die eigenen Schwächen und Fehler hervor und deckt seine Stärken und Erfolge zu. Für einen Außenstehenden ist das leicht sichtbar, der Betroffene selbst kann es oftmals nicht oder nur kurz als Übertreibung erkennen.

Eine Übertreibung deckt nämlich immer etwas zu. Sie bläst Wirklichkeitstücke auf und überdeckt dadurch andere. Wir sind gewohnt, die »Steigerung« an der »Übersteigerung« zu sehen, die Vermehrung oder Verminderung, die über eine Grenze geht. Wir bemerken kaum, dass die Übertreibung dabei etwas weglässt. So entsteht zum Beispiel das Gefühl von Versagen unter anderem durch das Weglassen der Erfolge, das Gefühl von Depression unter anderem durch das Weglassen des Guten in der Welt. Psychotherapeuten und Sozialhelfer arbeiten in die Gegenrichtung, sie bemühen sich, die persönlichen »Ressourcen«, die außer Acht gelassen werden, in Achtung zu bringen.

Genau genommen verwandelt die Übertreibung die Wirklichkeit. Ein Mädchen hat zwei Pickel im Gesicht. Sie sagt: »Ich habe ein Pickelgesicht.« Ich sage zu ihr:

»Stimmt. Du hast nicht nur zwei Pickel, deine Augen sind Pickel, deine Nasenlöcher sind Pickel, dein Mund ist ein riesiger Pickel, und zwei Pickel kleben da, wo die Ohren sind!« Mit dieser Übertreibung spiele ich den Advocatus Diaboli. Ich habe alles an dem Gesicht in Pickel verwandelt und dadurch das, was kein Pickel ist, zum Verschwinden gebracht. Und statt zu sagen, was völlig vergeblich wäre: »Nein, du hast kein Pickelgesicht. Wegen der zwei Pickel hast du doch nicht gleich ein Pickelgesicht«, habe ich ihre Meinung konservativ bestätigt, übertrieben und sie dadurch zum Kampf herausgefordert – gegen ihre eigene ungewollte Übertreibung.

Vielleicht können wir die übertriebene Befürchtung eines anderen verstehen, wenn wir ein ähnliches Problem, das wir auch kennen, übertreiben. Um mich mit dem Absurden meiner eigenen Befürchtung zu konfrontieren, könnte jemand zu mir sagen: »Sobald du nicht mehr in die Wohnung zurück kannst, weil du im Flugzeug sitzt, sprüht ein kaputtes Stromkabel Funken auf den Teppich, der sich entzündet und Flammen schlägt, die ins andere Zimmer übergreifen, weil du die Tür offen gelassen hast.«

Die »Provokative Therapie« nützt diese Möglichkeiten. Der Therapeut Frank Farrelly hat sie entwickelt. Sie spiegelt negative Sichtweisen in einem Zerrspiegel, der die übertriebenen Befürchtungen noch größer erscheinen lässt, und provoziert damit den Widerspruchsgeist der Patienten.

Übertreiben Sie oft und viel! Lernen Sie Ihre eigenen Probleme humorvoll zu überzeichnen. Dadurch lösen und distanzieren Sie sich von ihnen, schaffen einen spielerischen Umgang, bekommen eine andere Perspektive, lassen andere an ihnen teilnehmen und bringen sich selbst und ihre Zuhörer zum Lachen.

Vermeiden Sie Übertreibungen durch bloße Zahlen. Wenn Sie zum Beispiel jemand mehrere Male ermahnt haben, dann sagen Sie nicht »Ich habe es dir schon 1000 Mal gesagt.« Das ist langweilig.

Übertreiben gelingt am besten durch Verwandlung der Welt: Wenn ich meine Müdigkeit übertreiben will, dann verwandle ich alles, was nicht müde ist, in Müdigkeit: Alles an mir ist müde, meine Knochen, meine Wünsche, meine Gedanken, ich denke nur noch ans Schlafen – sogar wenn ich schlafe, träume ich vom Schlafen.

Mit Übertreibungen die Auswirkungen der Technik erkennen

Reale Extreme bedeuten häufig extreme Risiken: Ein Vulkanausbruch etwa gefährdet Häuser und Menschen; ein Psychotiker kann sich selbst oder andere gefährden; die Megastädte zerstören die Lebensqualität und die Umwelt; und extreme Einkommensunterschiede erzeugen soziale Spannungen. Nur durch fantasievolle Übertreibungen holen wir gedanklich die extremen Möglichkeiten der Technik ein und können ihre Gefahren rechtzeitig abwehren.

Die Öl-Katastrophe im Golf von Mexiko im Jahr 2010 zum Beispiel: Es war die tiefste Meeresbohrung, die jemals durchgeführt worden ist. Noch nie strömte so viel Öl ins Meer. Die Verantwortlichen betrachteten die Risiken vorab als »bloße Möglichkeiten«, den Profit hingegen als »handfeste Realität«.

Der Philosoph Günther Anders meint, die entscheidende moralische Aufgabe in der hochtechnisierten Welt bestehe »in der Ausbildung der moralischen Fantasie«, in dem Versuch, »die Kapazität und Elastizität unseres Vorstellens und Fühlens den Größenmaßen unserer eigenen Produkte und dem unabsehbaren Ausmaß dessen, was wir anrichten können, anzumessen«. Und als »moralische Streckübungen« empfiehlt er »Überdehnungen der gewohnten Fantasie-

und Gefühlsleistungen« (Anders »Die Antiquiertheit des Menschen« Bd. 1, S. 273 f.).

Das Gewissen kann uns in den Entscheidungen nicht leiten, wenn wir uns die Folgen nicht wenigstens durch Übertreibungen vorstellen können. Niemand kann die Möglichkeiten der Maschinen-, Elektro-, Daten- und Bio-Technik verantworten, wenn sie nicht einmal denkbar sind. Wenn wir uns im Übertreiben üben, dann gelingt es uns, mehr als bisher sie in unseren Verantwortungsbereich hereinzuholen, selbst wenn wir den Mangel an Vorstellungskraft nicht vollständig beseitigen können.

Können wir uns etwa vorstellen, in welchem Ausmaß Geheimdienste über jeden Einzelnen der Bevölkerung Bescheid wissen? Reicht die Fantasie eines Paranoikers, der unter Verfolgungswahn leidet, aus, den Umfang und die Genauigkeit der Daten zu ermessen?

Mit satirischen Übertreibungen Wahrheiten verdeutlichen

»Übertreibt die Satire?«, fragte Kurt Tucholsky. »Die Satire muss übertreiben«, antwortete er, »und ist ihrem tiefsten Wesen nach ungerecht. Sie bläst die Wahrheit auf, damit sie deutlicher wird, und sie kann gar nicht anders arbeiten als nach dem Bibelwort: Es leiden die Gerechten mit den Ungerechten« (aus »Was darf die Satire?«, Berliner Tageblatt 27.1.1919).

Übertreibungen wirken unglaubwürdig, wenn es um Wahrheit geht, wie etwa in der Wissenschaft und der Philosophie, aber auch in Gutachten und Gerichtsurteilen. Die Satire ist wie diese um Wahrheit bemüht, aber statt über die Wirklichkeit zu theoretisieren, führt sie diese selbst vor, überspitzt, karikiert, überzeichnet.

»Der Minister erschien anlässlich des Treffens der bayrischen Bahnbesitzer. Er würdigte eingangs ... führte dann aus ... legte Wert auf die Fragestellung ... wobei er besonders betonte ... warnte ausdrücklich vor ... vergaß nicht, darauf hinzuweisen ... dass er durchaus die Meinung vertrete ... was ihn nicht daran hindere ... an alle den Appell zu richten ... fügte sofort hinzu ... verlieh seiner Hoffnung Ausdruck ... bekräftigte ergänzend ... räumte allerdings ein ... bezweifelte ... erinnerte aber ... wobei er jeden Zweifel ausräumte ... wies noch einmal ernst darauf hin ... und dann energisch zurück ... Von 21 Uhr bis 22 Uhr 30 untermauerte er seine Ausführungen.« (Quelle: www.dieterhildebrandt.com) Der Kabarettist Dieter Hildebrandt gibt eine Beobachtung wieder. Er sagt nicht »Politiker reden in Phrasen«, sondern er präsentiert uns die Wirklichkeit selbst, indem er alles, was in der Politiker-Rede keine Phrase ist, weglässt.

Gute Satiriker sind wie Verhaltensforscher, die das Verhalten der »Graugänse« beobachten. Aber anstatt es theoretisch zu beschreiben, stellen sie es selbst in Reinform dar. Sie ergänzen Teile im Puzzle der Wirklichkeit oder entkleiden sie von ihren Hüllen, so dass die Wahrheit nackt erscheint. Ihr Forschungsobjekt ist das Falsche und das Verkehrte. Sie malen es in Schwarzweiß: Alles, was es entschuldigen oder relativieren könnte, lassen sie fort. Sie erfinden die Wirklichkeit nicht, sondern lassen sie selbst sprechen. Zuweilen genügt es, sie einfach auf die Bühne zu bringen.

Aus einem Schülerforum im Internet (ich habe die Fehler übernommen): »›Hey leute ich hab neulich ein neues Thema in der Schule bekommen: Satire. Wir haben eine Aufgabe bekommen und zwar: Schützt unsere Lehrern! kann mir jemand vllt ein beispiel machen oder Tips geben weil ich habe ehrlich gesagt keine ahnung! Ihr könnt mir auch eine Muster Satire über das Thema schreiben! Ich wär euch DANKBAR!‹ Antwort von Kreativbolzen: ›....du musst des doch einfach nur sooo übertrieben schreiben wies geht...bzw das genaue gegenteil schreiben....wie z.b.: um die lehrermorde zu verringern sollte jeder schüler ab sofort ein MG mit in den unterricht nehmen...so könnte man im falle eines amoklaufes sofort reagieren ...‹.« (Quelle: http://www.e-hausaufgaben.de)

Gestehen wir der Satire zu, wie Wissenschaft und Philosophie Einsichten zu vermitteln. In der Erkenntnis des Falschen ist sie sogar noch genauer als jene, verständlicher und – vergnüglicher.

16 | SPRACH-LABOR: EXPERIMENTE MIT FALSCHEN WÖRTERN

Sobald ich etwas sage, versuche ich, den passenden Ausdruck zu finden. Manchmal lege ich die Wörter sogar auf die Goldwaage. Was aber, wenn ich das Gegenteil tue? Wenn ich kein »treffendes« Wort verwende, sondern absichtlich vorbeischieße?

Ich kann zum Beispiel, um die Dicke eines Buchs auszudrücken, »Wälzer«, »Schinken«, »Brocken« oder »Trumm« sagen. Aber auch andere Wörter gehen, sie müssen nur etwas Großes bezeichnen: »Gigant«, »Mammut«, »Monster«, »Ungeheuer«, »Tonne«, »Koloss«, »Untier«, »Blähung«, »Geschwulst«, »Wucherung« oder »Fettwanst«. Ich schieße zwar vorbei, treffe aber immer noch. Wie weit kann ich vorbeischießen? Wo beginnt der Unsinn?

Kommen Sie mit ins »Sprachlabor«. Machen wir ein paar Experimente. Das falsche Wort kann einen auf unerwartete Gedanken bringen.

1. Experiment: Die Stimmung ist grün

Es geht mir darum, bekannte Dinge in neuem Licht zu sehen, neue Gedanken zu denken, und nicht einfach nur um Wortspiele oder Metaphern. Ich würde gerne etwas mehr erfahren etwa über die »Stimmung«. Ich gebe ihr eine Farbe: »Die Stimmung ist grün.«

Ein Logiker würde einwenden: »Nur ein Ding, das ich mit den Augen sehen kann, kann eine Farbe haben, eine Stimmung ist kein wahrnehmbarer Gegenstand, ergo kann die Stimmung nicht grün sein.« Ich bin von vornherein anderer Überzeugung. Ich meine, wir Menschen neigen dazu, überall einen Sinn hineinzusehen oder uns einen zu erwarten, selbst dort, wo keiner ist.

Es gibt Stimmungen, die sich treffend mit Farben bezeichnen lassen. Eine »schwarze Stimmung« zum Beispiel wie die Melancholie. Hat jede Stimmung eine Farbe? Wenn ich Sie frage, mit welcher Farbe Sie Ihre Stimmung jetzt bezeichnen würden, würde Ihnen etwas einfallen? Vermutlich ja. Zu einer frohen, lustigen, gehobenen Stimmung passen helle Farben, zu einer traurigen, niedergedrückten, verzweifelten dunkle.

Um dem Versuchs-Satz eine Bedeutung abzugewinnen, muss ich mich für jeden Einfall offen halten. Ich darf mich nicht von vornherein auf ein gewisses Suchfeld einschränken. Assoziationen sind ebenso erlaubt wie Abstraktionen. Mir fällt ein: Die Stimmung ist grün – in der Politik: In Deutschland etwa, in Baden-Württemberg, regieren jetzt, während ich das schreibe, die »Grünen«. Eine »heiter grüne Stimmung« könnte die einer Bergwanderung sein, wobei sich Subjekt und Objekt entsprechen, die Umgebung gleichsam auf die Stimmung »abfärbt«.

Ergebnis des Experiments: Der Satz konnte verständlich gemacht werden. Das unpassende Wort passt doch, kann sogar erfrischend oder poetisch klingen.

2. Experiment: Das Verhältnis zu Arbeitskollegen ist wie das Verhältnis zu »fliegenden Kisten«

Sie meinen, das ist alles ziemlich naheliegend? Stimmung und Farbe gehen zusammen, das wussten Sie schon vorher? Das zweite Experiment besteht darin, das gewählte Thema mit etwas Beliebigem zu verbinden.

Ich mache Folgendes: Als Thema setze ich mir: »Mein Verhältnis zu den Arbeitskollegen«. Es ist schwer, einen Zufall zu erzeugen. Deshalb gehe ich in das Zimmer nebenan, in dem meine Tochter gerade fernsieht, und nehme den ersten Gegenstand, den ich dort sehe. Ihn will ich mit dem Thema verbinden.

So, nun bin ich zurück. Im Fernsehen habe ich »fliegende Kisten« gesehen. Die Helden in einem Zeichentrickfilm springen mit selbst gebastelten Flugzeugen, getragen vom Wind, ähnlich Paragleitern, eine Klippe hinunter. Mein Experimentalsatz: »Das Verhältnis zu Arbeitskollegen ist wie das Verhältnis zu ›fliegenden Kisten‹.«

In dem Film sind es improvisierte Fluggeräte und es braucht Mut, mit diesen abzuspringen. Es verlangt Mut, aber nicht nur Mut, Mut allein würde zum sofortigen Absturz führen. Man muss es auch lernen. Dann aber kann es ein großes Vergnügen sein, abgehoben im Wind zu gleiten, immer begleitet allerdings mit der Gefahr des Absturzes.

Inwieweit ist das ein brauchbares Bild für das »Verhältnis zu den Arbeitskollegen«? Dazu muss ich einsammeln, was sich als Sinn des Bildes bisher ergeben hat, und es ohne viel Kritik und strenge Zensur auf die Kollegen-Verhältnisse übertragen.

Das Verhältnis zu den Arbeitskollegen »verlangt Mut, aber nicht nur Mut, Mut allein würde zum sofortigen Absturz führen.« Das bedeutet, man muss den Arbeitskollegen mutig begegnen, aber dieser Mut ist nicht bedingungslos, er muss begleitet sein von der Erfahrung, wie man mit Arbeitskollegen umgeht, ansonsten würde das zum sofortigen Absturz führen. Und »man muss es auch lernen«, das heißt, man muss den rechten Umgang mit den Arbeitskollegen einüben. Das ist kein Können, das man am ersten Tag seines Arbeitslebens mitbringt. Wie jedes Können muss es nach und nach erworben werden, »dann aber kann es ein großes Vergnügen sein, abgehoben im Wind zu gleiten, immer begleitet allerdings mit der Gefahr des Absturzes«. Das heißt, selbst wenn man den Umgang mit den Arbeitskollegen beherrscht, so darf man sich nicht rückhaltlos hingeben und fallen lassen, sonst kommt es zum Fall. Denn der Umgang mit Arbeitskollegen ist begleitet von einer ständigen Gefahr, wie etwa dem Gerede, dem Mobbing.

Ergebnis des Experiments: Diese Deutung hat mich auf Gedanken gebracht, die ich so noch nicht gedacht habe. Vor allem die Erkenntnis, dass der Umgang mit den Arbeitskollegen am Beginn des Arbeitslebens erst gelernt werden muss, war mir neu.

Ich habe das Analogie-Bild ausgemalt, es mit Details versehen und niedergeschrieben. Das Niederschreiben hat mir geholfen, Teile davon herauszunehmen, um sie mit dem Ausgangsthema in Verbindung zu bringen. Auf diese Weise ist es mir nach und nach gelungen, das anfangs Unverständliche in etwas Verstehbares zu verwandeln. Eine kleine Übung in der »Kunst der Gedanken-Findung«.

3. Experiment: Etymologie ist teuer

Ein letztes Experiment. Nun mache ich es umgekehrt. Anstatt zuerst einen »Gegenstand« wie »Stimmung« oder »Verhältnis zu Arbeitskollegen« zu wählen, nehme ich zuerst ein Prädikat und zwar »teuer«. Und nun suche ich blind in einem Lexikon nach einem zufälligen Wort, einem Substantiv. Ich finde »Etymologie«, die Lehre von der Herkunft und Geschichte der Wörter. Die Verbindung ergibt: »Etymologie ist teuer.« Ist das ein reiner Unsinn? Was bedeutet der Satz? Mir fällt nichts ein. Ich habe ein paar Ahnungen, aber nichts Bestimmtes.

Ich versuche »teuer« aufzulösen, indem ich das Wort paraphrasiere, das heißt, seine Bedeutung mit anderen Worten umschreibe. »Teuer« bedeutet: Eine Ware, die zum Verkauf angeboten wird, hat einen Preis, der weit über ihrem Wert liegt. Das setzt voraus, dass etwas einen Wert hat. Um in den Genuss dieses Werts zu gelangen, muss man einen Preis bezahlen.

»Etymologie ist teuer« bedeutet also, dass sie einen Wert hat. Um den Preis für diesen Wert bezahlen zu können, braucht man Geld, das irgend jemand durch Arbeit verdient hat. Der Arbeits- und Geld-Aufwand übersteigt dabei den Wert. – Vielleicht ist das die Ansicht von Leuten, welche die Erforschung der Wortgeschichte für unrentabel halten, für den Genuss eines kleinen Gelehrtenkreis, der von den Steuerzahlern teuer bezahlt wird.

Weil mich dieses Ergebnis noch nicht so recht froh macht, steige ich die Abstraktionsleiter weiter hinauf. Statt »Etymologie«, also »Wortgeschichts-Forschung«, setze ich nur »Forschung« ein: Es gibt Forschungen, die nur einem kleinen Kreis von Gelehrten vor. Wert ist, der Mehrheit aber unrentabel erscheint: »Der geringe Wert gewisser Forschungen wird mit einem unverhältnismäßig großen Aufwand bezahlt.« Das ist ein Gedanke für eine Diskussion.

Wieder ist es gelungen, einen Ausdruck mit einem unpassenden Wort in einen verstehbaren Sinn zu übersetzen.

Auswertung der Experimente

Ein unpassender Ausdruck lässt sich verstehbar machen. Vielleicht nicht immer. Wenn es gelingt, tauchen Gedanken auf, die anfangs fremd anmuten. Aber: Ich durchbreche das automatische Denken.

Tipp: Alle Gegenstände dieser Welt haben etwas Gemeinsames. Wenn man auf Anhieb nichts findet, muss man die Abstraktionsleiter hinaufklettern. »Apfel« und »Globus« zum Beispiel sind »rund«, »Apfel« und »Pferd« sind »Wirtschaftsgüter«, »Äpfel in einer Kiste« und »Gesellschaft« sind »Mengen«, »(gezüchteter) Apfel« und »Internet« sind »Artefakte«. Am Ende der Leiter findet man, dass alle so etwas sind wie »Dinge«, »Gegenstände«, »Wesen« oder »Entitäten«.

Wann funktioniert es nicht? Dann, wenn ich eine bestimmte Bedeutung erwarte, aber nicht erfüllt bekomme, also wenn ich mich von vornherein auf einen be-

121

stimmten Standpunkt festlege. Etwa auf den des Logikers in dem »Stimmungs«-Experiment. Gerade darin liegt die Chance: Indem ich mich auf das völlig Unerwartete einlasse, komme ich zu neuen Gedanken.

Betrachten Sie einen »Unsinn« als eine Kreativtechnik. Beginnen Sie bei Ihren Versprechern. Drücken sie eine Wahrheit aus? Verraten sie etwas über die geheimen Gedanken? Bleiben Sie aber nicht bei der Deutung Freud'scher Fehlleistungen stehen. Versuchen Sie, wenn in einer Gesprächsrunde etwas als Unsinn abgetan wird, es so zu drehen, dass ein brauchbarer Sinn daraus wird. Der Betroffene wird es Ihnen danken. Aber vor allem: Versuchen Sie die Reihe der Experimente selbständig fortzusetzen. Immer wieder ergeben sich originelle Gedanken.

»Cooles Notebook.« Das Wort »cool« drückt die subjektive Meinung aus; dass es sich um ein »Notebook« handelt, ist der objektive Tatbestand. »Spaßfaktor« und »Coolheits-Effekt« gehören zur subjektiven Seite unserer Welt. Ein anderer findet das Notebook nicht cool – aber es bleibt trotzdem ein Notebook: Das ist die objektive Seite. Wir schätzen das Objektive höher ein und entwerten das Subjektive als »bloß subjektiv«. Objektiv ist, was die Welt an sich ist, subjektiv, was wir daraus machen.

Die Forderung nach Objektivität unterdrückt das selbstständige Denken. Es erzieht dazu, aus Unsicherheit die Meinungen anderer zu übernehmen. Um nicht als subjektiv zu gelten, reden wir nach, was wir in Wissenschaftsbeiträgen gesehen und in Büchern gelesen haben. Wir überlassen die Wahrheitsfindung und Wahrheitsprüfung anderen, die sich beruflich damit beschäftigen.

»Subjektiv« ist die einzige Möglichkeit, wie wir die Welt erfahren können: Die Welt ist für mich nur da, so wie sie ist, weil ich da bin. Verschwinde ich, verschwindet alles – auch wenn sie selbstverständlich für andere weiterbesteht. Jeder Tod ist ein Weltuntergang; der Untergang einer subjektiven Welt.

Was wir subjektiv für wahr halten, muss nicht wahr sein. Aber nur wenn jemand etwas für wahr hält, kann die Wahrheit seiner Behauptung überprüft werden: Jedes Fürwahrhalten ist eine mögliche Erkenntnis. Wenn wir im Namen der Objektivität die Subjektivität unterdrücken, dann unterdrücken wir »mögliche Erkenntnisse«.

Das Begreifen ist subjektiv

Wir begreifen die Dinge nur im Denken aus unserer eigenen Perspektive und in den Bahnen unserer eigenen Sprache. Wenn ich etwas verstehe – ein Buch, einen Zusammenhang, eine Bedeutung, ein Gesetz –, dann bin *ich* es, der es versteht, und immer verstehe ich es *auf meine Weise*. Die Sprache, in der ich dabei denke, ist meine Sprache, mit einem beschränkten Wortschatz und einem beschränkten Ausdrucksvermögen. Jeder lebt sein eigenes Leben und fasst dementsprechend die Dinge anders auf, trotz aller Gemeinsamkeiten.

Die Berichterstattung in den Medien ist wie die Wissenschaft und die Justiz um Objektivität bemüht. Der folgende Unfallbericht zeigt, wie dieses Bemühen es unmöglich macht, die Ereignisse zu begreifen. Ich habe den Zeitungstext formalisiert und die Einzelheiten durch Variablen ersetzt, denn die Zahlen und Fakten in solchen Berichten sind wie in einem Schema austauschbar.

»XYZ Zeitung« vom XX.XX.20XX. Tote bei FAHRZEUG-Unfall in ORT XY

Beim Zusammenstoß eines FAHRZEUGS mit einem ANDEREN FAHRZEUG auf glatter Straße sind in ORT XY SOUNDSO VIELE PERSONEN ums Leben gekommen. SOUNDSO VIELE Menschen wurden verletzt, SOUNDSO VIELE davon schwer. Nach Angaben der Polizei war das FAHRZEUG auf die Gegenfahrbahn geraten, hatte dort ein ANDERES FAHRZEUG gerammt und IN EINER GEWISSEN WEISE BESCHÄDIGT. In dem ANDEREN FAHRZEUG saßen überwiegend PERSONEN EINER GEWISSEN PERSONENGRUPPE.

Ein angehender Journalist könnte sich das Schema aneignen und die Unfallberichte nach diesem Muster schreiben. Und das Gleiche tun mit Wetterberichten, Wahlen, Sportereignissen, Kochrezepten, Horoskopen: Für alle »Textsorten« sammelte er solche Schemata, die dem Leser vertraut sind und die er sich erwartet.

Die Nachrichten erzeugen durch Angabe von Ort, Zeit und Zahlen den Eindruck von Faktizität. Es ist gleichsam ein entindividualisierter Beobachter, der das Geschehen in größter Neutralität auffasst. Die Art der Beschreibung wiederholt sich in unzähligen Berichten. Die Details sind austauschbar und der Sachverhalt ist kombinatorisch konstruierbar: Ich kann das Konstrukt mit Ort und Zeit, mit Zahlen und Personen bestücken und erhalte einen Unfall-Bericht, der sich nicht von einem echten Zeitungsbericht unterscheidet. Der Journalismus hält dafür die berühmten »W's« bereit, die sich jeder Anfänger aneignen muss: Wer, Was, Wann, Warum, Wie und Wo.

Ist es möglich, einen Unfall aufgrund eines solchen Zeitungsberichts zu begreifen? Seine Ursachen, den Ablauf und seine Bedeutung für die Beteiligten? Oder etwas daraus für sein eigenes Verhalten zu lernen? Nein. Das Schema typisiert das Geschehene, so dass seine Besonderheiten verloren gehen und es mit anderen ähnlichen Ereignissen austauschbar wird.

Das Weglassen der subjektiven Sichtweise erzeugt zwar den Eindruck einer gewissen Objektivität, fördert aber nicht das Verständnis. Beim Begreifen geht es um das Hereinnehmen in die eigene Subjektivität, um das Eintauchen und Versenken des zu begreifenden Sachverhalts in das eigene Ich.

Hier nun ein ganz anders geartetes Beispiel: »Der Autounfall« von Josefine Mühlroth (der Text ist bisher, 2014, noch nicht im Druck erschienen; danke an die Autorin!). Sie beschreibt darin ebenfalls einen Autounfall, jetzt mit literarischen Mitteln und in subjektiver Sicht.

»Das letzte Mal, als ich sie gesehen habe, war sie unversehrt. Die Nachricht über ihren Autounfall hat in unserer kleinen Stadt wie eine Bombe eingeschlagen. Sie ist mit ihm gefahren, obwohl sie wusste, dass er betrunken war. Ich kannte sie seit dem Kindergarten. Ich kann mich noch sehr gut an sie erinnern, obwohl inzwischen schon mehr als 20 Jahre vergangen sind. Damals haben wir sie ›die Füchsin‹ genannt – wegen ihres schönen unheimlichen roten Haares war sie bekannt. Meine Landsleute glauben immer noch an Mythen und zauberhafte Wesen. Rothaarige Menschen haben einen besonderen Platz in unserer Kultur.

Diese Bekannte von mir war ziemlich hübsch und jung – genau so jung wie ich vor 5 Jahren, als das alles passiert ist. Jahrelang nach dem Kindergarten hatten wir uns aus der Sicht verloren. Trotzdem schockte mich die Nachricht über ihren Tod wahnsinnig. Sie wollte zusammen mit einem Freund mit seinem Auto nach Reschitz fahren. In der Nähe dieser Stadt gab es ein orthodoxes Kloster, wo man sehr schöne Ostergottesdienste hielt. Sie wollte die Auferstehung in diesem Kloster feiern. Auf dem Weg ist das Unglück passiert. In der Kurve vor der Einfahrt zum Kloster. Das Auto überschlug sich. Der Fahrer starb auf der Stelle. Sie hatte nur ein paar Kratzer. Sie konnte sprechen, sie konnte laufen. Sie schien so fit zu sein, dass die Polizei sie nach Hause brachte und nicht ins Krankenhaus. Innere Blutungen. Sie starb mit 23. Sie starb. Sie starb einfach. Wie kann man mit 23 sterben? Wie kann Gott so was erlauben?

Warum sollte Gott so was nicht erlauben?

Die Straße, die wir immer fahren, führt an ihrem Haus vorbei. Das ist nicht mehr ihr Haus. Es war's. Ich hole sie aus der Erinnerung zurück in die Gegenwart, jedes Mal wenn ich an ihrem Haus vorbei fahre. Für die ganze Stadt ist das das Haus, wo ein dummes Mädchen gestorben ist, weil sie den Fehler ihres Lebens gemacht hat. Sie ist in das verfluchte Auto eingestiegen. Wie viele von uns machen es nicht und haben Glück? Sie hätte es auch haben können. Das Leben hat uns was Besseres gelehrt.

Das Leben geht weiter. Die Bäume vor ihrem Haus werden immer größer. Immer älter. Ihre Eltern auch. Traurigkeit und Trauer haben sich in ihre Körper und

Seelen eingeschlichen und schreien stumm aus ihren Gesichtern. Ihr Bruder ist ein Mann geworden Und sie ist tot. Das Leben geht weiter.

Im Volksmund sagt man, dass die, die an Ostern sterben, direkt in den Himmel kommen. An Ostern sind die Pforten des Himmels geöffnet und die, die sterben, sind Gottes Auserwählte für die Engelschar. Schön wäre es, wenn das wahr wäre.«

Mühlroths Schilderung macht einen selber betroffen. Sie schildert den Grund und den Hergang des Unfalls, die Sicht der Beteiligten und seine Bedeutung für die Menschen. Sie hat den Standpunkt des »neutralen Beobachters« vermieden – und gerade dadurch begreifen wir von dem Unfall viel mehr als über die Schablone eines Zeitungsberichts. Wir können eher den Handlungsimpuls in uns verspüren, an der Möglichkeit einer so schrecklichen Wirklichkeit etwas zu ändern.

Das Wort »Begreifen« kommt von der Hand, die greift: Im Greifen bin ich es selber, der zum Gegenstand hinauslangt und ihn angreift. *Be*greifen hängt zusammen mit *Er*greifen, der direkten Erfahrung mit der Sache selbst, und bedeutet immer auch ein Ergriffensein, ein Betroffensein. Begreifen und Begriff hängen zusammen: Im Begriff kristallisiert sich ein Begreifen und verbindet sich mit einem Wort, mit Wörtern, mit der Sprache. Wenn ich »einen Begriff von einer Sache« habe, dann habe ich sie mit meiner Person durchdrungen und verstanden. Und wenn ich über sie spreche, wird es kein erfahrungsloses Sprechen sein, sondern eines, dem man die Erfahrung der Begegnung anmerkt. Dann habe ich die Sache auch »im Griff«, das heißt, ich kann gut mit ihr umgehen. Um einen Sachverhalt zu begreifen, muss man ihn in die Subjektivität seiner Person ziehen, indem man den persönlichen Kontakt mit ihm sucht, ihn mit seinen individuellen Möglichkeiten erfasst und das Erkannte als vorläufige Wahrheit setzt, so lange, bis sie durch einleuchtende Kritik modifiziert werden muss. Wenn wir uns darum bemühen, Subjektivität möglichst zu vermeiden, dann erschweren oder verhindern wir dadurch das Begreifen in diesem Sinn.

Orientierungs-Regeln für den Umgang mit der Subjektivität

Wie können wir die subjektive Willkür vermeiden? Wir wollen vermeiden, dass jeder alles behaupten kann. Und wir wollen uns darauf verlassen können, dass es stimmt, was jemand sagt.

Die »Stimmigkeit« einer Behauptung kann nur überprüft werden, wenn sie »Stimme« bekommen hat, das heißt, wenn sie ausgesprochen wird. Was ich auf meine Weise begreife, muss ich in Begriffen formulieren, nur so kann es jemand anderer kritisieren. Wenn wir die folgenden Regeln beachten, dann verschaffen wir unseren Beobachtungen trotz der Subjektivität Berechtigung und Geltung:

1. *Subjektives Erfassen.* Wir sollten mit allen subjektiven »Erfahrungskanälen«, die uns zur Verfügung stehen, offen sein für die Wirklichkeit, die wir erfahren. Sinneswahrnehmungen gehören ebenso dazu wie Intuitionen oder Ahnungen. Der Mut zur eigenen Auffassung soll das Nachreden überkommener Meinungen ersetzen – ein Akt der Mündigkeit.

2. *Versprachlichung.* Wir sollten versuchen, mit einem möglichst guten sprachlichen Ausdruck das so Erfahrene zu beschreiben. Je größer unser Wortschatz ist und je mehr rhetorische oder stilistische Figuren wir beherrschen, umso besser. Die Versprachlichung hat von sich aus eine Tendenz zur Kommunikation, denn es liegt nahe, das, was wir sprachlich ausdrücken können, auch anderen mitzuteilen. Was wir mit anderen teilen, wird automatisch Objekt der Kritik. Auch das stille Denken ist ein Reden und Gegenreden.

3. *Einschränkung.* Bei Allgemeinaussagen sollten wir versuchen, den Geltungsbereich der Aussage zu limitieren und zu relativieren. Wir sollten einschrän-

kende Ausdrücke verwenden wie »subjektiv gesehen«, »meiner Erfahrung nach«, »vermutlich«, »wahrscheinlich«, »ich glaube, obwohl es wissenschaftlich nicht belegbar oder überprüfbar ist«. Sagen wir »viele« statt »alle«, »oft« statt »immer«, »selten« statt »niemals«.

4. *Integration der Kritik.* Wir sollten die Kritik unserer Gesprächspartner berücksichtigen. Wir sollten bereit sein, auf sie einzugehen und unser Verständnis der Dinge den Einwänden entsprechend abzuändern. Die Umsetzung dieser Forderung gelingt am besten, wenn wir der Maxime folgen »An *jeder* sachlichen Kritik ist etwas Wahres dran.« Durch das Ernstnehmen der Einwände verhindern wir einen einseitigen Standpunkt. Insbesondere aber vermeiden wir eine relativistische Einstellung, wie sie der Satz »Jeder sieht es auf seine Weise« ausdrückt, mit dem man gewöhnlich jede weitere Auseinandersetzung und Diskussion abzubrechen pflegt.

Zusammengefasst: Eine subjektive Meinung wird zuverlässig und berechtigt, wenn wir das subjektiv Erfahrene möglichst vollständig erfassen, es möglichst präzise ausdrücken, den Geltungsbereich auf das Persönliche einschränken, Unsicherheiten zugeben und Kritik berücksichtigen.

Viele Dinge, die existentiell Sinn machen, sind ökonomisch unrentabel. Wenn man einseitig den Rentabilitätsstandpunkt einnimmt, dann muss man viele freudige und erfüllende Aktivitäten streichen und beiseite lassen. Damit erhält oder steigert man zwar Geld und Besitz, versinnlost und verödet aber sein Leben.

Bei allem, was uns Zeit und Geld kostet, stellt sich das Aufwand-Nutzen-Denken ein, das wir aus der Wirtschaft kennen. Es fragt nach dem Verhältnis von Investition und Rentabilität: Rentiert sich der Aufwand? Können wir an einer Stelle etwas hineinstecken, um an einer anderen etwas, einen »Mehrwert«, herauszubekommen? Wenn wir etwas investieren – Kraft, Zeit, Mühe, Geld, körperliche und geistige Energie, ja sogar Liebe – und bekommen kein Mehr zurück, dann ist ein Unternehmen und eine Unternehmung unrentabel. Wir benennen die Unrentabilität mit den Ausdrücken »hinausgeworfenes Geld«, »verschwendete Zeit«, »vergeudete Energie«, »vergebliche Liebesmüh« oder mit einem kurzen Wort: »umsonst«.

Flug zum Kilimandscharo

Angenommen, ich möchte gewisse Dinge nicht nur über die Medien kennenlernen, nicht nur über sie »informiert« werden, sondern sie selbst erfahren. Ich will mich von ihnen verändern lassen. Was muss ich tun?

Zum Beispiel das Stichwort »Kilimandscharo«. Was fällt mir dazu ein? Ich weiß, der Kilimandscharo ist ein bedeutender Berg in Afrika. Ich lese, dass es der höchste Berg Afrikas ist, dass er in Tansania liegt. Ich habe bloß ein schematisches Allgemeinwissen von ihm. Vielleicht geht es Ihnen ähnlich. Damit ich den Kilimandscharo »begreife«, muss ich erstens in persönlichen Kontakt mit ihm kommen, und muss er zweitens eine Bedeutung für mein Leben dadurch bekommen, dass er mich irgendwie berührt: Wenn ich auf ihm stünde, dann würde sich das als eindrucksvolles Erlebnis von selbst ergeben.

Um aus dem Wort »Kilimandscharo« eine Erfahrung zu machen, ist ein erheblicher Aufwand nötig: 1. Ich brauche ein genaues Reiseziel. 2. Ich brauche Reiseführer-Literatur. 3. Ich muss mir Urlaub nehmen. 4. Ich muss mir Geld beschaffen. 5. Ich muss mir ein Flugticket besorgen. 6. Ich muss mich impfen lassen. 7. Ich muss meinen Pass überprüfen und eventuell aktualisieren lassen; vielleicht brauche ich ein Visum. 8. Ich brauche angemessene Kleidung, vor allem gute Bergschuhe. 9. Ich brauche eine Unterkunft. 10. Ich muss hinfliegen. 11. In Tansania selbst brauche ich einen Bergführer etc. Wende ich diese Mühen nicht auf, verbleibt »Kilimandscharo« als Worthülse ohne persönliche Bedeutung in meinem Allgemeinwissen.

Nun werden Sie vielleicht sagen: »Ich muss nicht alles erlebt haben.« Richtig! Es gibt aber etliche Leute, die nichts Ähnliches gemacht haben, die sich deshalb nach der Ferne sehnen, die sogar für ein Jahr im Ausland leben möchten, ein Wunsch, den sie selbst dann verwirklichen wollen, wenn sie bereits Kinder haben und mitten im Berufsleben stecken. Unrentabel!

Chinesisch lernen

Ein zweites Beispiel. Angenommen, ich möchte *ein* Mal in meinem Leben ein Land von innen her verstehen, im Tiefgang, nicht nur im Urlaub bereisen mit oberflächlichen Eindrücken. Ich wähle China: Ich möchte ein Jahr in China leben und mit den Einheimischen in ihrer Muttersprache sprechen.

Mindestens zwei Jahre Sprachtraining sind notwendig. Ich muss mehrere tausend chinesische Schriftzeichen lernen. Ich werde viele Stunden im Sprachlabor verbringen müssen, um die schwierige Aussprache zu erlernen. Ich werde vor Gedächtnis- und Sprach-Probleme gestellt, an die ich nie zuvor gedacht habe. Schon durch meine chinesischen Lehrer werde ich etwa mit einer anderen Höflichkeit, einem anderen Humor, einer anderen Ästhetik konfrontiert.

Hegel lesen

Ein drittes Beispiel. G. W. F. Hegel gehört zwar zu den schwierigsten Philosophen, aber auch zu jener, welche die Denkweise und die Gedanken von anderen berühmten Philosophen wie Søren Kierkegaard und Karl Marx geprägt haben. Wenn ich Hegel nicht über die Sekundärliteratur verstehen möchte, sondern ihn selber begreifen will, dann muss ich Monate aufwenden, um an sein geistiges Niveau heranzukommen. Ich werde an meine intellektuellen Grenzen kommen und vielleicht außerstande sein, sie zu überwinden. Vielleicht gelingt es mir aber auch, über mich hinauszuwachsen und Dinge auf eine Weise zu denken, die mir vorher völlig unvorstellbar und unzugänglich war.

Großer Aufwand – ungewisses Ergebnis

Die persönlichen Erfahrungen können auf das ganze weitere Leben ausstrahlen. Die Expedition auf den Kilimandscharo bedeutet äußerlich die Begegnung mit einer wunderbaren Naturlandschaft und innerlich den Beweis von Selbstüberwindungsfähigkeit, Zielstrebigkeit, Mut und Konsequenz. Das Jahr in China wird mich nachhaltig ändern: Goethe schrieb auf seiner italienischen Reise: »Ob ich gleich noch immer derselbe bin, so mein' ich, bis aufs innerste Knochenmark verändert zu sein.« (»Italienische Reise«, Rom, 2. Dezember 1786) Die Lektüre Hegels wird mein Denken bereichern. Und doch sind all diese Verheißungen ungewiss. Gewiss allein ist die Mühe.

Verengt man den Begriff der »Rentabilität« und rückt ihn in den Bereich zurück, aus dem er stammt, dem der Wirtschaft, dann lässt er sich in dem Sinn auffassen: »Investition in ein Unternehmen oder in eine Unternehmung mit dem Ziel, den Geldbetrag trotz Inflation zumindest zu erhalten oder besser noch: zu vermehren.« In dieser Denkweise ergibt sich der Fehler, zu glauben, dass sich die Aufwendungen, etwas selbst zu erfahren und tiefgehend zu begreifen, nicht rentieren. Wenn man so denkt, dann verbringt man besser die Zeit mit etwas, das direkt oder indirekt Geld bringt, wie etwa ein neuer Auftrag oder die berufliche Fortbildung. Der lange Prozess rentiert sich scheinbar nicht oder zumindest ist seine Rentabilität zweifelhaft. Man will nicht den Fehler der Unrentabilität machen. Genau das ist der Fehler!

»Zeit ist Geld« und »Zeit ist Lebenszeit«

Da die meisten Menschen in unserer Gesellschaft letztlich pro Stunde bezahlt werden, entsteht ein Parallelismus von Zeit und Geld. In der Regel gilt: Je mehr / weniger Zeit wir arbeiten, desto mehr / weniger Geld verdienen wir. Die Redewendung »Zeit ist Geld« drückt diese Gleichsetzung aus.

Vom Lebensganzen aus gesehen ist Geld nur ein Mittel, ein Teil unter anderen Teilen, und von ihm aus gesehen gilt: »Zeit ist Lebenszeit.« Kindern bedeutet Zeit nicht Geld und alten Menschen bedeutet Zeit vor allem Lebenszeit. Beide Bedeutungen der Zeit stehen, wenn wir arbeiten, in einem umgekehrt proportionalen Verhältnis zueinander: Je weniger Zeit wir für die Arbeitszeit aufwenden, umso mehr Lebenszeit gewinnen wir. Das muss ich allerdings relativieren.

Ich kenne Menschen, die lieber arbeiten, als »zuhause« zu bleiben: Beruf und Berufung bilden für sie eine Einheit. Selbst wenn man das Glück hat, gerne zu arbeiten, so gehen die eigenen Bedürfnisse, Wünsche,

Projekte und Entwürfe nie ganz im Arbeitsleben auf, sondern reichen darüber hinaus. Von anderen weiß ich, dass sie nur des Geldes wegen arbeiten. Wie dem auch sei, Arbeitsleben oder Familienarbeit oder beides vereinseitigen das Leben und rücken alles andere in eine sekundäre Wichtigkeits-Position. Ein Arzt beispielsweise hat viele Jahre der Ausbildung hinter sich und will sich auch noch während der Freizeit mit Diagnosen und Heilmethoden auseinandersetzen. Er hat eine Praxis. Selbst für seine Frau und seine Kinder bleibt wenig Zeit, geschweigen denn für seine sonstigen Leidenschaften. Die Medizin rangiert an erster Stelle, alles andere ist nachrangig. Auch in anderen Berufen ist es so.

Wenn wir »keine Zeit« haben, das heißt unsere Zeit nur für die Arbeit aufwenden, dann bringen wir uns vielleicht um die wertvollsten Dinge in unserem Leben. Wir müssen uns mit Dingen beschäftigen, die kein Geld bringen, direkt nicht und indirekt nicht, die also unrentabel sind. Nur so ist es möglich, Werte, die vorrangig sind, aber nachrangig behandelt werden, wenigstens zeitweise ins Zentrum zu rücken. Vom Lebensganzen aus gesehen – das dann erscheint, wenn wir an unser Ende denken – gehören jedenfalls viele Bereiche, die nicht von der Arbeit abgedeckt werden, berücksichtigt.

Schulden legen Zukunft fest

Eine wesentliche Rolle in der Lebensgestaltung spielen die Geldschulden. Sie bedeuten die Gewissheit, seine Zeit mit Arbeit zubringen zu *müssen*, egal ob man die Arbeit gerne macht oder nicht. Hier gilt »Geld ist Zeit«: Ich kann mir anhand des zu verdienenden Geldquantums das zu arbeitende Zeitquantum ausrechnen. Meine Zukunft ist damit festgelegt. Sich für die Unrentabilität zu entscheiden, kann bedeuten, sich vor diesem selbst herbeigeführten Zwang zu schützen. Ich kann beispielsweise sagen »Ich baue *kein* Haus.« Sicherlich, das Bezahlen der Miete erscheint gegenüber dem Erwerb eines bleibenden Besitzes unrentabel, besonders über Generationen gesehen. Dafür vermeidet man aber auch, während der Zeit von 20 oder mehr Jahren insofern arm zu sein, als man kein Geld mehr für andere Dinge hat. Insbesondere nicht mehr für den »Luxus«, Zeit für sich selbst zu haben. Vor die Entscheidung gestellt, sollte man sich fragen »Wie viel Lebenszeit kostet mich das Haus?«

Möglichkeiten

Wir sind nicht immer gezwungen, zu arbeiten. Manchmal gibt es die Möglichkeit, die Vollzeit in Teilzeit zu verwandeln, oder erlauben es die Ersparnisse sogar, sich eine Auszeit zu nehmen. Auch unsere Kinder gehen in Hort, Kindergarten und Schule, sind also in fortgesetzter Steigerung über Stunden aus dem Haus, bis sie sich vollends selbständig machen. Zuletzt dann, wenn genug Geld da ist, ist das »Ich habe keine Zeit, ich muss arbeiten« oft eine Ausrede dafür, sich nicht mit den (vermeintlich) unrentablen Dingen beschäftigen zu müssen, die gewiss viel Mühe bereiten, deren Nutzen aber ungewiss ist.

Das Motto »Zeit ist Geld« muss man ergänzen mit »Zeit ist Zeit *für etwas*«: Zeit zu haben, bedeutet »sich mit … beschäftigen können«. Der ganze Sinn des Lebens steht und fällt mit dem Zeithaben. Ohne Zeit kann ich mich nicht dem zuwenden, was für mich von Bedeutung ist. Indem ich mich für mein Zeithaben einsetze, setze ich mich für mich selbst ein.

Indem ich die Zeit mit etwas verbringe, das kein Geld bringt, tue ich etwas Unrentables. Die unrentable Zeit ermöglicht es, das zu verwirklichen, wofür es sich zu leben lohnt beziehungsweise das zu fördern, was bisher zu kurz gekommen ist. In der Spannung von »Zeit ist Geld als Lebens-Mittel« und »Zeit ist

Zuwendung zum Lebenssinn« bedeutet die Verschiebung zum Zweiten hin notwendig Unrentabilität, das heißt, Lebenssinn lässt sich nur über ein gewisses Maß an Unrentabilität realisieren. Ein gutes, erfülltes Leben findet dort statt, wo man sich Zeit nimmt; insofern Zeit Geld bedeutet, muss es notwendig unrentabel werden.

19 | NEUROTISCH BETRACHTET ... ODER WIE WIR UNSERE MITMENSCHEN BESSER VERSTEHEN

Stellen Sie sich vor: Sie liegen als ein flachgedrückter Teppich auf dem Boden. Unbekannte Leute trampeln auf Ihnen herum. Sie spüren nichts. – Mit diesem Bild fühlen Sie sich in einen Mann ein, der sich von klein auf getreten fühlt und bis heute misshandeln lässt, ohne Gegenwehr. Stattdessen versucht er, nichts dabei zu empfinden. Er ist 33 Jahre alt, vereinsamt und depressiv. Er muss lernen, »zurückzuschlagen«. Ich habe dieses Beispiel einer Krankengeschichte des Schweizer Psychiaters Medard Boss entnommen.

Viele Menschen sind neurotisch. Sie verbringen, scheinbar normal, den Alltag in den Familien und in den Büros, unterrichten in Schulen und regieren in der Politik. In dem positiven Extrem sind sie Topmanager, Stars und Spitzensportler, im negativen süchtig geworden oder gehen trotz vieler Fähigkeiten keiner geregelten Arbeit nach. Wie können wir einen Neurotiker verstehen?

Die Antwort liegt auf der Hand: Indem wir uns auf seinen Standpunkt stellen und die Dinge in seiner Sichtweise wahrnehmen.

Da diese unvernünftig ist, müssen auch wir unvernünftig werden; auch wir müssen die Luftschlösser und Wolkenkuckucksheime, in denen Geister und Dämonen leben, sehen lernen, die Einbildungen nachbilden. Versuchen wir also, die Realität nicht so zu sehen, wie sie ist, nicht in ihrer Tatsächlichkeit und »Wahrheit«, sondern so, wie sie jemandem erscheint, der etwas Fantastisches in sie hineinmischt, das mit starken, meist negativen Gefühlen verbunden ist. So können wir das eigenwillige Verhalten unserer Mitmenschen *psycho*-logisch begreifen, gerade dann, wenn es sich logisch nicht erklären lässt.

Neurose vermischt Realität und Fantasie

»Neurotisch sein« bedeutet, eine Realität ungewollt nicht in der Tatsächlichkeit auffassen, sondern sie vermischt mit Fantasien zu sehen, wobei diese Fantasien furchterregend sein können, wie etwa in einem Sauberkeitszwang, oder höchst lustvoll, wie etwa im Schuhfetischismus. Eine Frau beispielsweise, die sich hundert Mal am Tag die Hände wäscht und Türklinken nur mit dem Ellenbogen öffnet, verlagert vielleicht die »moralische Unreinheit« nach außen und versucht sie mit Hilfe von Sauberkeitsstrategien zu bewältigen. Einem Fetischisten kann sich beim Anblick einer Frau in High Heels oder Lackstiefeln die graue Welt des Alltags in die leuchtende Erscheinung von etwas Göttlichem verwandeln.

Was für andere einfach ist, eine gewöhnliche Alltags-Realität, die leicht zu handhaben ist, kann für den Neurotiker etwas Schwieriges sein, weil er dem Tatsächlichen eine fantastische Zutat gibt, die für andere nicht existiert.

Immer, wenn Sie den Eindruck haben, Teil eines Theaterstücks zu sein, das andere mit Ihnen aufführen, dann liegt der Verdacht nahe, dass eine solche Vermischung seitens der Person vorliegt, die Sie mit hineinzieht. Dann bietet sich vielleicht eine Gelegenheit, die hier gewonnenen Einsichten in die Tat umzusetzen.

Wie können Realität und Fantasie vermischt werden? Ein Experiment

Wie ist es überhaupt möglich, Realität und Fantasie so zu mischen, dass etwas Bedrohliches dabei herauskommt? Ich möchte Sie zu einem kleinen Experiment einladen.

Angenommen, Sie befinden sich jetzt nicht im Freien, sondern in einem Zimmer. Nehmen Sie die Gegenstände wahr, die Sie umgeben, und benennen Sie sie kurz mit ein paar Worten: »Da ist ein Tisch, da ein Stuhl, da ein Regal, da ein Spiegel, da ein Teppich.« Eine nüchterne Bestandsaufnahme. Dann stellen sie sich einen Springbrunnen in diesem Raum vor, positionieren Sie ihn irgendwo hin, wo er Platz hat und gut hinpassen könnte. Versuchen Sie, sich an einen Springbrunnen zu erinnern, den Sie schon einmal gesehen haben. Wählen Sie einen, der von der Größe her passt, oder verkleinern Sie ihn imaginativ, falls er zu groß ist. Sehen Sie den Springbrunnen? Für kurze Augenblicke kann Ihnen das gelingen. Oder denken Sie daran, wie Sie ein neues Möbelstück kaufen. Auch da versuchen Sie, sich zuerst vorzustellen, wie ein in einem Schauraum oder Katalog gesehenes Bett an einer bestimmten Stelle in Ihrer Wohnung hinpassen könnte. Das ist vorerst alles.

Ein simples Experiment, das deutlich zeigt, dass es uns allen möglich ist, sich in einem realen Raum ein Fantasiegebilde vorzustellen, also Realität mit Fantasie zu durchsetzen. Vielleicht kommt Ihnen das selbstverständlich vor. Aber es ist diese Möglichkeit, die es auch dem Neurotiker erlaubt, Realität und Fantasie zu mischen. Im deutlichsten und seltensten Fall ist das Imaginierte eine Halluzination, meistens handelt es sich um eine unbestimmte Ahnung oder ein dunkles Gefühl, das »intuitiv« die unsichtbare Gegenwart von etwas bekundet.

Und nun versuchen Sie, sich statt des neutralen Springbrunnens etwas Furchterregendes vorzustellen. Vielleicht haben Sie George Orwells »1984« gelesen. Darin kommt eine Foltermethode vor, die darin besteht, herauszufinden, wovor sich ein Mensch am meisten fürchtet – diesem Schreck wird er ausgesetzt: In Zimmer 101 erwartet ihn seine persönliche Hölle. Die Hauptfigur hat eine Todesangst vor Ratten. Deshalb halten die Folterer zwei ausgehungerte Ratten in einem Käfig vor sein Gesicht und drohen, die Käfigtür zu öffnen. Etwas Ähnliches sollen nun Sie tun.

Sie sollen herausfinden, was sie am meisten ängstigt, und es sich in dem Zimmer vorstellen. Stellen Sie sich statt des Springbrunnens einen Gegenstand oder ein Wesen vor, vor dem Sie sich fürchten (z.B. Gevatter Tod, Riesenspinne, Würmer). Gelingt Ihnen das? Prinzipiell ist es möglich. Und wir dürfen annehmen, dass es einem Neurotiker in ähnlicher Weise *ungewollt* passiert, dass er beispielsweise etwas Furchterregendes vor sich sieht, das es gar nicht gibt, nur dass die Fantasie als solche oftmals nicht deutlich wird, weil sie zu schrecklich ist. Eine Frau zum Beispiel, die vom Vater sexuell missbraucht worden ist, berichtet folgendes Erlebnis: »›Im Geschäft, also ich arbeite ja jetzt bei Farben Moser, da bin ich so zusammengefahren, ein Kunde, so ein älterer Herr, will nur den Geldbeutel herausholen, und ich denk, er macht die Hose auf.‹ Sie verstummte abrupt.« (Evers »Sprechstunden – Erzählte Psychotherapie« S. 73) Ein harmloser Akt wird so zu einer Bedrohung.

Einnehmen der neurotischen Sichtweise

Wir können einen Menschen, der Phantome sieht, nur dann verstehen, wenn wir die Realität verfälschen. Wir begreifen ihn und nehmen ihn nur dann ernst, wenn wir *nicht* objektiv sind, nicht sagen, »was Sache ist«. Die falsche Realitätsauffassung wird zur Bedingung der Möglichkeit des richtigen Verständnisses.

Wie kann die neurotische Sichtweise eingenommen werden? Die Legierung aus Realität und Einbildung, die im neurotischen Fall unbewusst abläuft, muss der Gesunde wie ein Chemiker nach einer Rezeptur mischen, die er den Einbildungen des Kranken abschaut. Wir müssen seine Fantasien erkennen und in ihrem Muster die Tatsachen verdrehen lernen. Es hilft, wenn wir uns an ähnliche Erfahrungen aus unserem eigenen Leben erinnern. Dann können wir versuchen, uns projektiv einzufühlen.

Ich kann, wenn ich beispielsweise einen depressiven Menschen verstehen will, mich an Situationen erinnern, in denen ich selber unter einem Morgentief oder genereller Sinnlosigkeit gelitten habe, als mir Kraft und Antrieb fehlten, meinen Verpflichtungen nachzugehen, und ich mich den ganzen Tag schlecht fühlte. Aber nun muss ich über die Analogie hinausgehen. Wenn ich »Morgentief« mit »Depression« gleichsetze, dann misslingt das Verständnis.

Ein depressiver Mensch wird sich genau dann nicht verstanden fühlen, wenn man ihm auf die Schulter klopft und beschwichtigend sagt »Komm', nimm's gelassen, das passiert uns allen. Das ist nicht so schlimm.« So als ob es nur von seinem Willen abhinge. Er, im Gegensatz zu den Gesunden, *kann* nicht anders.

Es geht vielmehr darum, sich auszumalen, wie die Welt in einer Art »Wertedumpfheit« erscheint, in der gleichsam alle Sterne in den Boden stürzen und jedes Bemühen vergeblich ist. Stellen wir uns als Metapher eine Frau vor, die versucht, einen Pfirsichkern in einer Wiese einzupflanzen: Der Boden ist zu hart; nun versucht sie es im Garten; doch der verwandelt sich in Beton. – Kein Plan erscheint mehr möglich, kein Projekt mehr von Belang. Sie fühlt sich kraftlos und unfähig. Alles erscheint vergeblich.

Man kann den anderen durch ein analogisierendes Verfahren verstehen. Wo man keine Analogie findet, hört die Verstehbarkeit auf. Die Fantasie muss die Analogie nach dem Vorbild ausmalen.

Herkunft der Bilder

Woher das Bild nehmen? Die besten Bilder stammen aus den Träumen der Betroffenen. Es ist unmöglich, sie in ihren Details zu erfinden. Machen Sie, wenn sie ihnen erzählt werden, Metaphern aus ihnen, die Situationen des Lebens spiegeln. So habe ich es mit der Pflanzen-Metapher gemacht. Der Traum ging so: »Dann hatte ich selbst einen Pfirsichstein in der Hand und wollte ihn irgendwo einpflanzen. Zunächst versuchte ich es außerhalb des Gartens in einem Stück Wiese. Doch der Boden war zu hart. Nun probierte ich es innerhalb des Gartens. Plötzlich war kein Garten mehr da. Der Garten war zu einem Tennisplatz geworden.« (Boss »Es träumte mir vergangene Nacht« S. 126)

Wandeln Sie die Bilder so um, dass eine Lösung erscheint. Sie könnten zum Beispiel zu der depressiven Frau sagen: »Versuche den Wiesenboden zu eggen, zu düngen und zu bewässern. Hole einen Gärtner und bitte ihn um Rat und Hilfe. Was hindert Dich in Deinem Leben, das zu tun? Wer könnte die Gärtnerrolle spielen?« Oder Sie versuchen, zu einem Bild zu greifen, das in Ihnen selbst auftaucht. Sie bekommen eine Bestätigung für Ihren Erfolg, wenn der Gesprächspartner sich mit dem entgegengebrachten Vergleich verstanden fühlt, wenn er den Entwurf seinerseits aufgreift und in seiner eigenen Logik weiterführt.

Eine sachlichere Realitätsauffassung als Ziel

Fantasie hört auf die Sprache der Fantasie. Wenn es uns gelingt, mit Fantasie die Fantasien zu überwinden, so dass die Realität das Hinzugedichtete verliert und »sachlicher« aufgefasst wird, dann fällt vielleicht ein Teil der unnötigen Belastung fort.

Verstandenwerden hilft. Man kann jemand, dem es schlecht geht, allein schon durch das entgegengebrachte Verständnis helfen. Es kann nur dann gelingen, einen Neurotiker zu verstehen, wenn wir die Dinge nicht objektiv sehen. Wenn wir zum Beispiel aufhören, zu der Frau mit dem Waschzwang zu sagen »Da sind keine Bakterien! Hör' endlich auf, Dich zu waschen!«

20 | UNSER WISSEN! UNSER WISSEN?
ZWEIFELN LERNEN

Eine feste Meinung! Wie schön. Wir sind froh, über eine Unzahl von Themen endlich zu einer Ansicht gekommen zu sein. Wir bilden uns Gedanken und gehen mit ihnen durch die Tage, Wochen, Monate, Jahre oder sogar Jahrzehnte unseres Lebens. Wir verteidigen sie und es ist schwer, uns von ihnen abzubringen. Sie sind unsere Fenster zur Welt: Was sie sehen lassen, *ist* so. Für uns jedenfalls.

In ein Meer der Ungewissheit geworfen suchen wir wie Schiffbrüchige an allem Gewissen Halt: Das Zweifelhafte soll so rasch wie möglich in etwas Gewisses verwandelt werden. Wir wollen genau wissen, was richtig und falsch ist. »Tu's einfach! Denk nicht so viel nach.« Als Praktiker wollen wir nicht von irgendeiner Theorie verunsichert werden. Denn es könnte sich herausstellen, dass es verkehrt ist, was wir schon über Jahre hin tun. Die Angst, dass sich im Nachhinein als sinnlos herausstellt, woran wir geglaubt haben, hindert uns am methodischen Zweifeln.

»Sicheres Wissen ist uns versagt«, sagt der Wissenschaftstheoretiker Karl Popper, »unser Wissen ist ein kritisches Raten; ein Netz von Hypothesen; ein Gewebe von Vermutungen.« (Popper »Logik der Forschung« S. XXV) Benommen von Angelesenem und Angelerntem fällt es uns manchmal schwer, die Dinge unverstellt wahrzunehmen. Aber wenn wir kritisch eingestellt sind, müssen wir unsere »Gewissheiten«, wenigstens probehalber, immer wieder als Vorurteile betrachten, die verhüllen, was und wie es wirklich ist.

Methodischer Zweifel

René Descartes war der größte Zweifler, den die europäische Philosophie gesehen hat. Er plante den »Umsturz aller Meinungen«: »Schon vor Jahren bemerkte ich, wie viel Falsches ich von Jugend auf als wahr hingenommen habe und wie zweifelhaft alles sei, was ich später darauf gründete; darum war ich der Meinung, ich müsse einmal im Leben von Grund auf alles umstürzen und von den ersten Grundlagen an ganz neu anfangen, wenn ich je irgendetwas Festes und Bleibendes in den Wissenschaften aufstellen wollte.« (Descartes »Meditationen über die Erste Philosophie« 37) Was uns bei Descartes in hochkonzentrierter Form begegnet, können auch wir, etwas verdünnt, umsetzen: Jedes »Wissen« kann in vierfacher Hinsicht angezweifelt werden:

1. *Zusprechen.* Behauptet die Theorie etwas als vorhanden, was nicht vorhanden ist? Sieht sie etwas in die Dinge hinein?

2. *Absprechen.* Leugnet die Theorie einen Sachverhalt, der nachweisbar ist? Vereinfacht sie da, wo sie nicht vereinfachen dürfte?

3. *Widersprechen.* Ist eine Theorie, die auf Anhieb stimmig erscheint, auch nach einer eingehenden logischen Analyse der Argumente noch widerspruchsfrei?

4. *Übergehen.* Übersieht die Theorie etwas Wesentliches? Gibt es Themen- und Sachbereiche, die sie ignoriert, aber nicht ignorieren dürfte?

Das sind vier Möglichkeiten, eine Theorie zu vermurksen. Das kann eine Meinung sein oder eine Einstellung – wie etwa die zum Auto.

Neulich hatte ein Bekannter einen Autounfall: Totalschaden. Er sagte: »Da fängt man an zu denken.« Es sind ihm Zweifel gekommen: Vielleicht ist es falsch, so unbekümmert mit dem Auto zu fahren wie bisher. Schade, dass es immer wieder eines Gewaltaktes bedarf – eines Unfalls, einer Krankheit, einer Umweltkatastrophe –, damit wir unser Tun ernsthaft in Zweifel ziehen. Methodisch gefragt:

1. Was sehen wir in das Auto hinein, das nicht in ihm vorhanden ist? Ich weiß von einem Mann, der sagt, er liebt sein Auto mehr als seine Frau. Sein Auto ist technisch auf dem neuesten Stand, poliert und ohne Kratzer.

2. Was leugnen wir am Auto? Eindeutig die Gefahr. Die wird uns erst nach einem Unfall voll bewusst.

3. Wo widersprechen wir uns in unserer Ansicht? Die meisten Autofahrer, die ich kenne, wollen die Umwelt schützen, bringen diesen Schutz aber nicht in Verbindung mit ihrem Auto, besonders nicht mit seinem Kohlendioxid-Ausstoß. Während der Autofahrt können sie sich über die Gesellschaft beklagen und für striktere Staatsmaßnahmen zur CO_2-Reduktion plädieren.

4. Was übergehen wir in unserer Ansicht über Autos? Setzen wir uns einmal hin und listen alle Kosten auf, die offensichtlichen und die versteckten – auch die Kosten an Ärger –, rechnen sie zusammen und stellen uns die Rentabilitätsfrage. Was haben wir bisher ignoriert?

Aber wollen wir uns mit solchen Fragen beschäftigen? Könnte es nicht bedeuten, dass wir unser geliebtes Auto weggeben müssen? Dass wir den Irrtum einsehen, in dem wir all die Jahre gelebt haben? Dass wir uns plötzlich in Widerspruch zur Mehrheit setzen, die Autos für normal und selbstverständlich hält und nicht weiter darüber nachdenkt?

Die Meinung ist nicht mein

Die Meinung ist übrigens keine Mein-ung: Sie ist nicht »mein«. Die Meinung wird übernommen und weitergegeben. Sie ist etwas Soziales. Ich bilde mir eine Meinung, indem ich unter verschiedenen diejenige auswähle, die mir richtig erscheint. »Meine ganz persönliche Meinung« haben auch andere, vielleicht etwas modifiziert, aber wiedererkennbar.

Meinungen sind ökonomisch: Anstatt meinen eigenen Kopf zu zerbrechen über Dinge, die ich nicht verstehe, lasse ich andere für mich arbeiten und greife zu der für mich einleuchtendsten Meinung, die kursiert. Obendrein werde ich Mitglied einer »Partei«, die mich durch Anerkennung belohnt.

Wenn man wirklich nachforscht über ein Thema, viel Erfahrung sammelt und zu einem Spezialisten wird, dann hat man keine Meinung mehr, sondern ein Sach- und Fachwissen. Und steht damit, außer unter Fachkollegen, ziemlich alleine da.

Das Wahre ist problematisch

Kann eine Aussage über einen Gegenstand abschließend und endgültig formuliert werden? Oder hat jede, selbst die treffendste Theorie, Mängel? Ist jede Beschreibung, selbst die beste, unvollständig gegenüber der »Selbstrepräsentation der Sache«? Gibt es allezeit Zusammenhänge, welche die Wissenschaft nicht berücksichtigt?

Das, was uns gewöhnlich als »das Wahre« hingestellt wird, ist etwas Problematisches. Wenn wir uns genauer damit beschäftigen und eingehender nachforschen, birgt es offene Fragen und ungelöste Probleme in sich.

Wenn wir die Möglichkeit von endgültigen Aussagen verneinen, dann ist jede Theorie partiell falsch. Dann geben wir uns, um Wahrheit zwar bemüht, immer nur mir einem vorläufig Besten zufrieden. Dann gab es nie und wird es nie Aussagen geben, die endgültig Bestand haben.

Prüfungen und Lexika dogmatisieren

Die scheinbar endgültigen, sich als feststehende Wahrheiten gebenden Aussagen begegnen uns in den Schulen und an den Universitäten. Besonders durch das Abprüfen wird das Abgeprüfte in einen Status der Endgültigkeit versetzt. Denn würden Lehrer und Professoren die Zweifel an den Theorien berücksichtigen und zugeben, dass sie möglicherweise falsch sind, dann nähmen sie sich die Berechtigung, das Gelehrte abzuprüfen. Prüfungen sind dogmatisierend: Sie erheben den Lehrstoff zu einer Art Glaubenslehre einer Glaubensgemeinschaft.

Endgültige Aussagen begegnen uns auch in Sachlexika. Die Informationen stehen da wie endgültige Wahrheiten. Aller Zweifel, alle Diskussion, alle Problematik wird systematisch ausgelassen. Die anonymen Autoren präsentieren die Texteinträge als gesicherte Erkenntnisse. Die Anonymität der Einträge verstärkt den Eindruck der Objektivität.

Zu dieser Einsicht bin ich gekommen, als ich einen Text in dem größten Lexikon der Welt änderte: in der Wikipedia. Kaum waren meine Sätze fertig und veröffentlicht, kam ein selbsternannter Moderator und löschte sie. Das erging mir mehrere Male so – kein Zufall also. Die modernen Zensoren löschten mit den Sätzen auch meine Motivation. Was aber war der Grund? Alles, was kritisch ist, löst Zweifel aus, alles, was unsicher ist, verunsichert. Sie wollen »Zahlen, Daten und Fakten« – Felsen also, auf die man das Haus seiner Meinung sicher bauen kann.

Prüfungen und Lexika beglaubigen sich zum Teil wechselseitig. Was in Prüfungen abgefragt wird, bestätigen Lexika. Viele Lexikonbeiträge sind von Professoren verfasst worden. Und wenn man eine Wissenschaftssendung im Fernsehen sieht, die dasselbe behauptet, dann ist man endgültig von der Wahrheit überzeugt.

Vorbild: Forschung

Wer forscht, begreift am meisten von einer Sache. Er versteht auch die Probleme und Unsicherheiten, die bei der Formulierung einer Theorie auftreten. Er weiß Argument und Gegenargument verschiedener Ansichten gegeneinander zu setzen und kommt zu keinem endgültigen Schluss. Er reflektiert auf sein eigenes Tun, seine Terminologie und Methodik, und zweifelt daran.

Nicht dogmatisch ist eine Aussage nur dann, wenn die Unsicherheiten und Probleme, die während der Forschung auftreten, erwähnt werden. Das ist noch denkbar an einer Universität, nicht aber in einer Schule, und schon gar nicht in einem Lexikon.

Forschend bewegen wir uns ständig im Lückenhaften, Unsicheren und Falschen, dessen Überwindung Antrieb und Ziel wird – und das wir doch ständig neu produzieren. Die Forschung ist das beste Vorbild, wenn es um eine Wahrheitssuche geht, die das Zweifeln zu einem festen Bestandteil ihrer Methode gemacht hat.

Übung: Ernährung

Es gibt vier Arten, wie wir uns irren können. Um die Irrtümer zu entdecken, können Sie als Übung zum Beispiel hinsichtlich der Ernährung fragen:

1. *Zusprechen.* Sehe ich etwas in das Essen hinein, das gar nicht vorhanden ist?

2. *Absprechen.* Leugne ich etwas am Essen – Bestandteile, Mengen, Wirkungen –, die tatsächlich vorhanden sind?

3. *Widersprechen.* Widerspreche ich mir selbst in Wort und Tat? Esse ich tatsächlich das, was ich für richtig halte?

4. *Übergehen.* Übergehe ich etwas? Lese ich die Zutaten der Fertigprodukte? Verstehe ich zum Beispiel bei einem Käse, was die Inhaltsstoffe bedeuten wie etwa die Konservierungsstoffe »E200, E202«, der Farbstoff

»Zuckerkulör E150a« und die Schmelzsalze »E339, E450, E452«? E200 ist eine Säure (Sorbinsäure), E202 ist ein Salz (Kaliumsorbat), E150a ist ein Farbstoff, E339 ist Phosphor (Natriumphosphat), E450 ebenfalls (Diphosphat), E452 ebenfalls (Polyphosphat). Wenn ich mir ein harmloses Stück Schmelzkäse aufs Brot schmiere, dann auch Säure, Salz, Farbe und Phosphor. Bon appétit!

21 | EINE SCHEINWAHRHEIT, DIE ZUM ERFOLG FÜHRT

China im Jahr 2000 vor Christus. Beim Orakel wirft König Shang die Schildkrötenknochen ins Feuer. Darauf stehen die Schriftzeichen: »Sollen wir morgen den Feind angreifen?« Shang erwartet sich eine Antwort mit Ja oder Nein. Nachdem die Knochen knacken, nimmt er sie heraus und betrachtet die Sprünge: »Der ewige Herrscher im Himmel sagt: ja. Wir werden morgen kämpfen.« Die Soldaten jubeln laut. – Die Armee griff in der Dämmerung am nächsten Morgen an und siegte glorreich. Shang dankte dem Himmelskaiser für den weisen Rat mit der Opfergabe von 500 Stieren.

Die Annahmen anderer Menschen, die in unseren Augen falsch sind, können, wie das fiktive Beispiel zeigt, zu Erfolgen führen. Für sie selbst handelt es sich um »Tatsachen«, die sie in Entscheidungen, Grundsätzen, Einstellungen und Diskussionen berücksichtigen.

Wir orientieren uns an der Wahrheit: Wir gehen davon aus, dass sie uns hilft, unsere Ziele zu erreichen. Dabei können die Wahrheiten, die uns gleichsam als Kompass in unserem Handeln dienen, Scheinwahrheiten sein. Eine Scheinwahrheit ist ein Irrtum, der für eine Wahrheit gehalten wird.

Können wir die Ziele nur erreichen, wenn wir im Besitz der Wahrheit sind? Oder nicht auch dann, wenn wir uns irren, ohne es zu wissen? In einem Gedankenexperiment versuche ich erstens zu zeigen, dass falsche Theorien den praktischen Umgang mit den Dingen erleichtern oder überhaupt ermöglichen können; zweitens, dass es mitunter falsch ist, von erfolgreichen Handlungen auf die Wahrheit einer Theorie zu schließen.

Beispiel: »Energie«

Meiner Erfahrung nach gibt es zu jeder Aussage, zu jeder Theorie, zu jeder Meinung jemand, der an sie glaubt oder sie vertritt. Ich habe zum Beispiel Bibelfundamentalisten getroffen, die überzeugt waren, dass die Evolutionstheorie falsch ist und dass die Tierarten von Gott erschaffen worden sind.

Am ehesten könnte man noch meinen, dass ethisch furchtbare Forderungen eine allgemeine Ablehnung erfahren. Leider nicht. Die schrecklichen Teile der Philosophie von Friedrich Nietzsche beispielsweise fanden in einem der Hauptbegründer des Faschismus, Benito Mussolini, einen begeisterten Anhänger, und die deutschen Nationalsozialisten sahen in Nietzsche einen Vordenker, der die Mitleidlosigkeit und die Vernichtung der Kranken und Schwachen postulierte. Und auch heute noch gibt es Menschen, die Nietzsche »genial« finden, ohne in diesen Punkten Kritik zu üben.

Um Ihnen ein Beispiel zu geben, wie nichtdurchschaute Irrtümer praktisch trotzdem zielführend sein können, müsste ich das Beispiel einer Theorie finden, die auch Sie für falsch halten. Aber das ist unmöglich. Immer wird es Leserinnen und Leser geben, die nicht meiner Meinung sind, oder zumindest müsste sich eine verzweigte Diskussion ergeben. Zudem gibt es viele Relativisten, die sagen »Alles ist relativ. Man kann es so oder so sehen« – sie machen es unmöglich, eine Behauptung zu widerlegen.

Ich bitte Sie deshalb, mit mir ein Gedankenexperiment zu machen. Sie sollen eine These nachvollziehen, obwohl vielleicht Sie, »die Öffentlichkeit«, ja sogar bekannte Wissenschaftler anderer Meinung sind. Die These lautet: »Energie« ist ein Konstrukt und kein Faktum.

»Energie« ist nur eine Vorstellung, eine Vorstellung allerdings, die uns hilft, einen Teil der Wirklichkeit erfolgreich zu beherrschen. Sie ermöglicht es, auf einfache Weise über Maßnahmen der »Energiegewinrung«, des »Energiesparens« oder der »Energiepolitik« zu sprechen, Entscheidungen zu fällen und zweckmäßige Handlungen zu setzen.

Niemand hat Energie je »gesehen«, das heißt *unabhängig* von ihrer Erscheinungsform aufgewiesen: Immer haben wir es mit Strom, Wärme, Licht, Wasserkraft zu tun, die Energie in Reinform aber, an und für sich selbst, können wir nicht wahrnehmen. »Es ist wichtig, einzusehen, dass wir in der heutigen Physik nicht wissen, was Energie *ist*«, sagt der Nobelpreisträger Richard Feynman in seinen »Vorlesungen über Physik« (S. 46).

Das Wort »Energie« ist ursprünglich kein Terminus der Physik, sondern der Philosophie von Aristoteles. Die Übernahme eines philosophischen Begriffs durch die Physik sollte uns stutzig machen. Insbesondere, dass in grundverschiedenen Bereichen wie Ernährung, Sport, Psychologie, Esoterik oder chinesischer Medizin ebenfalls so leicht von »Energie« gesprochen werden kann, wie etwa von »Energizer«, »körperlicher Energie«, »Libidoenergie«, »spiritueller Energie«, »geistiger Energie«, »Qi als Energie« und so weiter. Diese Vorstellungen verdecken unser Nichtwissen.

Wenn Sie nachlesen, was Energie ist, dann werden Sie entweder auf eine Antwort stoßen wie »Energie ist die Fähigkeit, Arbeit zu verrichten« oder die Autoren weichen einer Antwort aus, indem sie thematisch umschwenken. Wir Menschen sind es, welche die Fähigkeit besitzen, Arbeit zu verrichten. Hier wird also Physikalisches vermenschlicht. Oder das Thema wechselt auf die Erscheinungsformen der Energie wie mechanische, elektrische, thermische, chemische, Strahlungs- und Kernenergie. Oder auf die Energie-Gesetze, wie das von der Erhaltung der Energie, das besagt, dass man Energie weder erzeugen noch verbrauchen, sondern nur von einer Energieform in die andere überführen kann. Wenn die Recherche dann auf Einsteins berühmte Formel stößt: $E = mc^2$ »Energie ist gleich Masse mal Lichtgeschwindigkeit zum Quadrat«, dann bricht die Nachvollziehbarkeit entweder ab oder es beginnt eine fachlich kontroverse, oft sehr spekulative Diskussion.

Wir gehen mit Energie als einem Gedankending um, das wir zwar »transportieren«, »transformieren«, »speichern«, »messen« und »berechnen« können, von dem wir »Gesetzmäßigkeiten« aussagen und das wir technisch nutzen, von dem wir aber nicht wissen, was es ist. Ein Wort bezeichnet verschiedene Abläufe, die wir nicht erkannt haben.

Nehmen wir an, dass »Energie« eine bloße Vorstellung ist, dass es sie in Wirklichkeit nicht gibt, dass es sich um eine Deckvorstellung handelt für Abläufe der Wirklichkeit, welche die Wissenschaft noch nicht genügend erkannt hat, so wäre dieser Begriff ein Beispiel für eine Scheinwahrheit in der Gegenwart, die es ermöglicht, trotz ihrer Falschheit die Wirklichkeit kommunizierbar zu machen und technisch zu beherrschen. Würde man das Aufgeben des Begriffs in den Wissenschaften und den öffentlichen Medien fordern, dann würde man sich um seinen Nutzen bringen. Und nur weil es nützlich ist, das Wort »Energie« zu verwenden, darf man nicht schließen, dass es Energie gibt.

Vorsicht bei Rückschlüssen

Rückschlüsse von der Art »Es funktioniert, also muss es wahr sein« sind heikel. Ebenso könnte man Gott beweisen: Weil mir die Vorstellung von Gott hilft, existiert Gott. Der Satz »Der Erfolg gibt mir Recht« gilt nicht unbedingt. Auch König Shang hätte ihn behaupten können.

Stoff für das »Lexikon der Irrtümer«

Manche Wahrheiten von heute sind die zukünftigen Einträge im »Lexikon der Irrtümer«. Ob die Menschen einmal daran denken werden, dass uns auch die Scheinwahrheiten zu praktischen Erfolgen geführt haben?

Der Ruf nach »Selbstbewusstsein« – unsere Zeit ist voll davon: »Er hat kein Selbstbewusstsein!«, »Ihr mangelt es an Selbstbewusstsein!«, »Du brauchst mehr Selbstbewusstsein!« Welche Höchstleistungen hingegen möglich sind, wenn wir zu einem »trainierten Automaten« werden! Was für ein Glück es bedeuten kann, vollkommen in einer Beschäftigung aufzugehen! Ohne Selbstbewusstsein.

Ein einfaches Beispiel. Beim Akt des Streichelns einer Katze zeigt sich, ob ich hingegeben bin oder rückbezogen auf mich selbst: Geht es mir darum, ihr einfühlsam Freude zu bereiten, um so in Dankbarkeit das Vertrauen zu erwidern, das sie mir schenkt, so bedeutet das: selbstvergessene Hingabe. Sobald ich aber mit meiner Hand das Fell spüre, etwa wie weich es sich anfühlt, bin ich schon nicht mehr versunken, sondern bei mir, bei meiner Empfindung: In dem Moment kann es sein, dass die Katze aufsteht und geht.

Selbstbewusstsein und Selbstsicherheit

»Werde dir deiner selbst bewusst!« Was bedeutet das?

Umgangssprachlich bedeutet es »Selbstsicherheit«: »Sei selbstbewusster in deinem Auftreten!« Wir sollen die starken Seiten unserer Persönlichkeit hervorkehren und auf sie vertrauen.

Andererseits gibt es das Motto »Erkenne dich selbst«, das besonders dank der Psychologie Sigmund Freuds und C.G. Jungs auf das Bewusstmachen unbewusster Anteile unserer Persönlichkeit abzielt. Es geht darum, das, was in uns verborgen wirkt, zu erkennen, um es zu steuern. Das Ziel ist ein ausgeglichener Zustand der Geborgenheit in uns selbst.

Beide Aspekte hängen zusammen. Wenn wir die Erscheinungen des »Unbewussten« deuten und die Schattenseiten unserer Persönlichkeit akzeptieren lernen, so macht das selbstsicherer. Der Ruf nach mehr Selbstbewusstsein und mehr Selbstsicherheit ist berechtigt.

Das Gegenteil von »Selbstbewusstsein«, nämlich »Selbstvergessenheit«, erscheint demnach falsch. Und doch ist sie ein kultivierbarer Zustand, der genau so Wert und Berechtigung hat.

Selbstvergessenheit in der Heilung der Sozialen Phobie

Menschen mit Sozialer Phobie haben Angst vor öffentlichen »Auftritten«. Es fällt ihnen schwer, sich mit fremden Menschen zu treffen, einen Vortrag zu halten, auf der Straße zu essen, beim Betreten eines Lokals aufzufallen, in einem Meeting die eigene Meinung zu sagen, den Gastgeber zu spielen oder schönen Frauen oder Männern zu begegnen. Sie erröten, schwitzen, zittern, stottern.

Sie versuchen, die Anspannung zu kontrollieren und richten ihre Aufmerksamkeit nach innen. Sie mustern ihre körperlichen Symptome, beobachten, wie sie wirken, und versuchen die Angst zu verbergen. Dadurch sind sie nicht mehr bei der Sache und bekommen nicht mehr alles mit, was um sie vorgeht. Psychologen sprechen von »hoher Selbstaufmerksamkeit« – sie verstärkt die Angst.

Die Therapie der Sozialen Phobie besteht in einem Aufmerksamkeitstraining. Das Ziel ist es, die Aufmerksamkeit weg von der eigenen Person nach außen auf das Geschehen selbst zu lenken.

Bei einem Telefonat zum Beispiel geht es darum, zu bemerken, wann sich die Gedanken um die eigene Person kreisen, um sie wieder zurück zu den Gesprächsinhalten zu lenken. Die Reduktion der Selbstaufmerksamkeit bewirkt das Abnehmen der Angst.

Hier ist es nicht das Selbstbewusstsein, sondern sein Gegenteil, das den Menschen selbstsicherer macht.

Selbstvergessenheit in der Höchstleistung

Der Sprung vom 10-Meter-Turm: Eine Kunstspringerin springt vom 10-Meter-Turm unter Drehungen in Saltos und Schrauben ins Wasser. Sie muss sich voll konzentrieren, vor dem Sprung, und konzentriert bleiben, während des Sprungs. Ein Knall in der Umgebung, ein Schrei aus dem Publikum, die Erinnerung an eine Kränkung – dergleichen darf sie nicht aus dem Konzept bringen. Der Sprung gelingt vollkommen nur in selbstvergessener Konzentration. Wäre sie zerstreut, würde sie scheitern.

Gewisse Höchstleistungen gelingen nur in einem Zustand hochkonzentrierter Selbstvergessenheit. Im entscheidenden Augenblick müssen Selbstbeobachtung und Selbstkontrolle, die tausendfach im Training vorangegangen sind, ausgeschaltet werden. Es ist ein vollautomatisiertes Tun.

Gelingt das, dann wird der Mensch zum Ort eines Handlungsgeschehens, zu einem Medium gleichsam, das nur dazu da ist, dass sich das Geschehen von alleine abspielt. Und dann ist es am besten.

Selbstvergessenheit im Glück

Die selbstgesteuerte Fahrt auf einem Segelschiff: Ich vergesse mich selbst, sehe nur das Dahinrauschen auf den Wellen und lasse alles andere hinter mir. Boot und Ich werden eins. Womit ich die Zeit verbringe, ist ökonomisch unrentabel, dafür aber beglückend. Das ist das reale, machbare, nicht das utopische, ewig ferne Glück. Seltsamerweise spielt die Selbstvergessenheit eine entscheidende Rolle: Sie muss vollständig sein.

Wenn wir in einem Tun oder Geschehen voll aufgehen, dann sind wir »draußen«, »bei der Sache« und nicht »in uns gekehrt«: Der Selbstbezug verschwindet. Die Gedanken wandern nicht herum, es bleibt keine Zeit für Sorgen, wir sind ganz gegenwärtig.

Bergsteigen, Tanzen, Schachspielen, Lesen, Schreiben, Sex, Yoga, Kampfsport, Musizieren, Kochen – sie alle bieten die Möglichkeit zu selbstvergessenem Glück. Der Glücksforscher Mihaly Csiksezentmihalyi zählt die Bedingungen auf in seinem Buch »Flow. Das Geheimnis des Glücks«. Sie brauchen:

1. Eine Sache, die Sie begeistert.
2. Klare Ziele.
3. Feste Regeln.
4. Volle Konzentration.
5. Neue Herausforderungen, die weder zu groß noch zu klein sind, die Sie weder über- noch unterfordern, die also weder Frust noch Langeweile erzeugen.
6. Feedback, das heißt eine unmittelbare Rückmeldung, wie gut Sie es machen.

Um während der Arbeit in eine Art Flow-Zustand zu kommen, betrachte ich zum Beispiel das Programmieren als eine Art Schachspiel. Das Problem, das ich zu lösen habe, ist mein Gegner. Das Spiel hat feste Regeln, die Programmierregeln. Und da man alles eleganter und einfacher lösen kann, ergeben sich ständig neue Herausforderungen. Das Funktionieren oder Abstürzen des Programms gibt mir Rückmeldung über den Erfolg oder Misserfolg meines Tuns. Auf diese Weise entsteht keine Langeweile, es macht Freude und ich lerne dazu.

Nicht ich tue, es tut

Üben Sie etwas! Singen, Schauspielen, Gedächtniskunst, Jonglieren, Malen, Nähen, Basteln, Volleyball,

Tischtennis, eine Fremdsprache ... Sie alle bieten die Möglichkeit, sich zu sammeln und zu ordnen und selbstvergessen in seinem Tun aufzugehen.

Am besten gelingen diese Tätigkeiten, wenn, wie Zen-Meister des Bogenschießens sagen, nicht ich schieße, sondern »*es* schießt«. Wenn also nicht ich singe, sondern »*es* singt«; wenn nicht ich die Theater-Rolle spiele, sondern »sich die Rolle *von selbst* entfaltet«; wenn nicht ich tanze, sondern »es sich *wie von alleine* tanzt«; wenn nicht ich Klavier spiele, sondern »mein Spiel eine Art *Eigendynamik* bekommt« ... So bei allem, was sich üben lässt.

23 DIE NEUE ART, AUS FEHLERN ZU LERNEN

Fehler können verhängnisvoll sein. So erzählt etwa die Sage von Ikarus, dass dieser zu hoch fliegt, der Sonne entgegen, das Wachs seiner Flügel schmilzt und er stürzt ab. Vorher hat ihn sein Vater, Dädalus, der Erfinder der Flügel, gewarnt, er solle weder *zu* tief fliegen noch *zu* hoch. Die Meeres-Feuchtigkeit würde die Federn verkleben, die Hitze würde das Wachs schmelzen. Der Vater warnt den Sohn vor zwei Extremen, vernünftig sei die Mitte. Ikarus begeht den einen der beiden Maßfehler. Er ertrinkt. Er kann aus dem Fehler nichts lernen.

Fehler, die schaden, sollen in jedem Fall vermieden werden. Viele Fehler sind aber harmlos. Bei ihnen können wir uns fragen, inwiefern sie zu etwas führen, das uns nützt.

Das Gekonnte nicht wegwerfen

Wir können aus Fehlern auf zweifache Weise lernen.

Erstens, wir fassen eine Handlung als Fehler auf, vermeiden sie unter allen Umständen und ersetzen sie durch eine andere, zielführende Vorgehensweise. Das ist die negative, traditionelle Art des Umgangs mit Fehlern.

Zweitens, wir machen den Akt der ablehnenden Kritik nicht mit: Wir fassen die Handlung nicht als Fehlhandlung auf, sondern als Möglichkeit, mit ihrer Hilfe ein anderes Ziel zu erreichen. Die »*Fehl*handlung« wird von dem »Fehl-« befreit und positiv als »Handlung« aufgefasst. Sie wird zu etwas, das nicht unter allen Umständen vermieden werden muss, im Gegenteil, sie erscheint sogar wünschenswert. Das ist die positive Weise des Umgangs mit Fehlern.

Statt zu einem Ziel die passende Handlung zu suchen, besteht nun umgekehrt die Aufgabe darin, zu einer Handlung das passende Ziel zu suchen. Gegenüber der negativen Art hat sie den Vorteil, dass sie von einem bereits Gekonnten ausgeht und dieses nicht wegwirft oder unterdrückt, sondern nützt.

Denken Sie die Fehler quer. Wechseln Sie Ihre Sichtweise und versuchen Sie, die Handlung, die Sie zuvor als Fehler aufgefasst haben, als *Möglichkeit* zu sehen, als Handlungsmuster, das Sie vielleicht ein anderes Ziel erreichen lässt. Die Fähigkeit, dieses in die Tat umzusetzen, haben Sie ja schon in ihrer Fehlhandlung bewiesen. Dadurch können Sie Ziele erreichen, die Sie auf andere Art vielleicht nicht oder nur schwer erreichen.

Fehlhandlungen sind Handlungen und wenn Handlungen Werkzeuge sind, dann werfen Sie diese Werkzeuge nicht weg, weil sie als Mittel für die einen Zwecke untauglich sind, sondern heben Sie sie auf und gebrauchen Sie sie zu gegebener Zeit zur Bewältigung anderer Aufgaben.

Die Sichtweise macht den Fehler, nicht nur die Handlung

Sie kennen ihn vermutlich, den Trostspruch: »Fehler sind menschlich.« Das heißt, *jeder* kann Fehler machen. Aber: Es ist von *manchen* Menschen abhängig, dass überhaupt etwas als Fehler angesehen wird. Die Sichtweise macht den Fehler, nicht nur die Handlung. Schmatze ich in Wien, bin ich unhöflich; schmatze ich in Peking, höflich. Sage ich Nein in Österreich, gelte ich vielleicht als undiplomatisch, aber als ehrlich. In China hingegen sagt niemand Nein; wenn ich es trotzdem tue, gelte ich als »unmöglich«.

Andere Menschen – andere Ziele – andere Fehler. Manchen gilt zum Beispiel das Entgegennehmen von

Sozialhilfe als »Schmarotzertum«. Einer Bewährungs-
helferin hingegen, die einen verurteilten Straftäter be-
treut, bedeutet die staatliche Hilfe eine »Ressource«,
wenn der Klient überhaupt zum Sozialamt geht und
nicht wieder rückfällig wird. Ein Werbetexter kann auf
Werbeplakaten einen Speck mit dem Ausruf »Speckta-
kulär!« anpreisen und damit eine Schreibweise gebrauchen, die ein Lehrer in einem Schulaufsatz als Rechtschreibfehler markieren würde.

Das Wissen um diese Relativität kann Konflikte entschärfen: Ebenso wie Fehler nur in einer bestimmten Deutung entstehen, können sie durch eine andere Sicht verschwinden. Sie gelten nur, wenn wir die
Ziele mit anderen Menschen teilen, wenn nicht, dann
geht uns eine eventuelle Kritik nichts an. Wichtig ist,
dass wir uns über den Unterschied von unseren eigenen und den fremden Zielen klar werden.

Die Fehler sind nicht nur abhängig von unseren
Handlungen, sondern zudem abhängig von unserer
Sichtweise. Fehler werden nur gesehen, wenn sie *als*
Fehler angesehen werden: Fehler existieren nicht an
sich und unabhängig vom Menschen, sondern nur
dann, wenn jemand eine Handlung als falsch betrachtet.

Fehler sind relativ in Bezug auf die Ziele. Wechseln
die Ziele, dann wechseln auch die Fehler. Es ist diese Relativität, die es ermöglicht, das im Misslingen an
den Tag gelegte Können für andere Ziele zu nutzen.

Fehler und Avantgarde

Absichtlich Fehler zu machen, bedeutet nicht immer
Avantgarde, aber alle Avantgardisten haben absichtlich Fehler gemacht. Sie haben programmatisch gegen
Regeln verstoßen, die sie selbst gelernt, übernommen
und später als unzureichend erkannt haben. Was einst-
mals verpönt war, weil es geschmacks- und regelwid-
rig war, wird zu einem Teil des neuen Stils.

Wenn Sie absichtlich Fehler machen, werden Sie in einem gewissen Sinn persönlich avantgardistisch: Sie brechen mit ihren eigenen, *für Sie* traditionellen Regeln und entwickeln neue Ausdrucksformen, die mit der Gesellschaft in ihrem Umkreis zwar vorübergehend in Konflikt geraten können, aber sie letztlich doch verändern. Sie verhalten sich ähnlich, wie es die bekannt gewordenen Avantgardisten getan haben: Diese kannten die Regeln, sie wussten, was gemeinhin als gut gilt, und sie brachen sie, machten also ganz bewusst Fehler, weil sie nur so ihre Ziele erreichen konnten.

Beispiel: Victor Hugo als Avantgardist

Ein solcher Avantgardist, der heute keinen Anstoß mehr erregt und dessen Forderungen selbstverständlich geworden sind, ist der französische Schriftsteller Victor Hugo, der im 19. Jahrhundert in Frankreich lebte. Bekannt ist sein Werk »Der Glöckner von Notre Dame«, zumindest als Film.

Als Manifest der Romantik gilt sein 1827 veröffentlichtes Vorwort zu dem Drama *Cromwell*, in dem er mit dem strengen Stilprinzip der französischen Klassik bricht.

Im Sinn der Wahrheit (vérité) fordert Hugo, auch das Hässliche, Missgestaltete, Groteske und Schlechte des Lebens in der Kunst darzustellen und nicht nur das Gefällige und Erhabene. Wie in dem »Glöckner von Notre Dame«, in dem der hässlich bucklige Quasimodo sich lächerlicherweise in die schöne Esmeralda verliebt, genau so soll Schattenhaftes und Lichthaftes in der Kunst nebeneinander und miteinander Platz finden. Hugo schreibt: »Wenn der Poet Dinge etabliert, die gemäß den Regeln seiner Kunst unmöglich sind, dann macht er zweifelsohne einen Fehler (commet une faute); aber es hört auf, ein Fehler zu sein (cesse d'être faute), wenn er auf diesem Weg zu dem Ziel gelangt, zu dem er sich berufen fühlt; denn er hat gefunden, was er gesucht hat.« (Hugo »Cromwell« S. 52) Pathetisch fordert er auf, mit der Tradition zu brechen: »Sagen wir es also kühn. Die Zeit dafür ist gekommen […] Werfen wir den Hammer in die Theorien, die Poetiken und die Systeme. Reißen wir diesen alten Gips herunter, der die Fassade der Kunst maskiert! Es gibt weder Regeln noch Vorbilder; oder besser: Es gibt keine anderen Regeln als die allgemeinen Gesetze der Natur, die für die Kunst im Allgemeinen gültig sind, und die besonderen Gesetze, die sich je Werk aus den zu dem jeweiligen Sujet passenden Existenzbedingungen herleiten.« (Hugo »Cromwell« 30 f.)

Um Teil der Garde »avant« (vor) der Masse zu sein, braucht es ein Regelwerk, das vom Gros der Menschen praktiziert wird. Vor dieses stellen sich die Avantgardisten durch Abweichung, und zwar so, dass sie die Abweichung zu einer »neuen Richtigkeit« erheben. Mit ihrer Etablierung erlischt der anfängliche Anschein der Fehlerhaftigkeit.

Jede gesellschaftliche Avantgarde beginnt mit einer persönlichen. Zuerst musste Victor Hugo für sich selber entdecken, dass die Kunst seiner Zeit die Wirklichkeit immer dann beschönigt, wenn sie auf Gefängnisse, Verbrecher, Elende und Verkrüppelte vergaß. Meine Tochter zog sich in der Volksschule regelmäßig links einen anders farbigen Socken an als rechts und entwickelte so ihren eigenen Stil. Sicherlich hat sie dazu beigetragen, dass auch ihre Mitschüler sich mutiger kleiden.

Neue Richtigkeit

So bilden Sie Ihre persönliche Avantgarde:

1. Suchen Sie sich eine Norm.
2. Weichen Sie von dieser Norm ab.
3. Entwickeln Sie Ihre eigene Richtigkeit.

Suchen Sie sich, was in der Kunst als Fehler gilt, und kultivieren Sie es. Beobachten Sie zum Beispiel, welche Fehler Ihnen unterlaufen: Was geschieht, wenn Sie sich vermalen, mit dem Instrument verspielen, Sie gegen eine stilistische Regel verstoßen? Könnte dieses unabsichtlich entstandene Gebilde nicht wiederholt und in einem eigenen Sinn perfektioniert werden?

Historisch mag Ihre Neuerung keine Novität darstellen. Vielleicht gibt es Beispiele anderer Menschen, die das, was für Sie neu und anfangs unerhört ist, schon vor Ihnen gemacht haben. Persönlich kann es trotzdem eine kleine Revolution bedeuten.

Eine Avantgarde muss sich nicht auf die Kunst beschränken. Eine persönliche Avantgarde kann es bedeuten, wenn etwa eine Mutter anfängt, einen Teil der Arbeit für Haushalt und Kinder tatsächlich dem Vater zu überantworten, oder wenn ein Vater seine Arbeitszeit reduziert, um für seine Kinder da zu sein; wenn jemand im Selbststudium oder in Kursen sich umschult, um den Job zu wechseln, oder wenn sich jemand eine Auszeit nimmt, um das tun, was im bisherigen Leben zu kurz gekommen ist.

All das wirkt sich, selbst wenn man es nicht anstrebt, vorbildlich auf die Umgebung aus, und es wird immer wieder Leute geben, die einen nachahmen. Vielleicht gelingt es Ihnen, Ihre ganz persönlichen Fehler auszubilden und sie zu einer neuen Richtigkeit zu erheben.

Ich hoffe, ich konnte Ihnen ein wenig die Angst nehmen, Fehler zu machen. Mit jedem Fehler zeigen wir, dass wir schon etwas können: Ein Kind, das stolpert, kann schon gehen; eine Pianistin, die sich verspielt, kann schon Klavier spielen; ein Maler, der sich vermalt, kann malen; jemand, der sich verspricht, kann sprechen. Ein Fehler ist ein Fähigkeitsbeweis. Die Fähigkeit mag unzureichend sein, zugegeben. Aber wer in dem Fehler einen Unfähigkeitsbeweis sieht, der sieht nicht das halbvolle, sondern das halbleere Glas.

In jedem Fehler gelingt uns außerdem etwas, das wir nicht beabsichtigt haben. Das »Zufalls-Gebilde« lässt sich umfunktionieren, öfter sogar, als wir vielleicht meinen: Ein Clown im Zirkus stolpert absichtlich; Jazzpianisten nützen die Dissonanzen; manche Kabarettisten versprechen sich bewusst, um Anstößiges auszusprechen; immer wieder gab und gibt es Maler, die das, was in ihrer Zeit als falsch gilt, kultivieren und zu einem Avantgarde-Stil erheben.

Dank

Ein Buch ist ein Gemeinschaftswerk. Ich bedanke mich bei Susanne Köb: Sie hat alles im Anfangsstadium gelesen und mir die Weitschweifigkeiten vor Augen geführt, Beispiele eingefordert und Unverständliches aufgezeigt. Bei Franz Zauner konnte ich sehen, was einen guten Kritiker ausmacht: Er wird zum Mitarbeiter an dem Text, er erkennt, worum es geht, und er schlägt Änderungen vor, die das Ziel erfüllen; er bringt dabei ein, was ein Autor sich selbst nicht geben kann: die Außenperspektive.

Ich bedanke mich außerdem bei Josefine Mühlroth für den Text, bei Annemarie Köb für das Beschaffen der Literatur, bei Karoline Tschuggnal für die Korrekturvorschläge, bei Klaus Nemetz für das Verschieben eines Kapitels und bei der Berliner Stadtreinigung für die Fotos. Johannes Wahler hat noch einmal die Feile angelegt für einen Schliff, der nie der letzte sein kann. Und das ist gut so.

LITERATURVERZEICHNIS

Anders, Günther (1994). *Die Antiquiertheit des Menschen.* München: C.H. Beck.

Arbinger, Robert (1997). *Psychologie des Problemlösens.* Darmstadt: Primus Verlag.

Aristoteles (1994). *Nikomachische Ethik.* Stuttgart: Reclam.

Aristoteles (1995). *Philosophische Schriften.* Hamburg: Felix Meiner.

Back, Otto u.a. (2008). *Österreichisches Wörterbuch. 40. Auflage. Neue Rechtschreibung.* Wien: öbv.

Binswanger, Ludwig (1994). *Ausgewählte Werke.* Heidelberg: Asanger.

Boss, Medard (1975). *Es träumte mir vergangene Nacht. Sehübungen im Bereiche des Träumens und Beispiele für die praktische Anwendung eines neuen Traumverständnisses.* Bern: Hans Huber.

Csiksezentmihalyi, Mihaly (1998). *Flow. Das Geheimnis des Glücks.* Stuttgart: Klett-Cotta.

Descartes, René (1980). *Meditationen über die Erste Philosophie.* Stuttgart: Reclam.

Evers, Gertraud (2007). *Sprechstunden – Erzählte Psychotherapie.* Stuttgart/New York: Schattauer.

Feynman, Richard u.a. (2007). *Vorlesungen über Physik. Band 1. Mechanik, Strahlung und Wärme.* München: Oldenbourg Wissenschaftsverlag.

Gerstner, Ansgar (2001). *Eine Synopse und kommentierte Übersetzung des Buches Laozi [= Lao-tse] sowie eine Auswertung seiner gesellschaftskritischen Grundhaltung auf der Grundlage der Textausgabe Wang-Bis, der beiden Mawangdui-Seidentexte und unter Berücksichtigung der drei Guodian-Bambustexte.* Universität Trier: Dissertation.

Gödde, Christoph u.a. (2002). *Theodor W. Adorno – Thomas Mann. Briefwechsel 1943 – 1955.* Frankfurt am Main: Suhrkamp.

Goethe, Johann Wolfgang (1982). *Italienische Reise.* Werke, Hamburger Ausgabe, Band 11. München: C.H.Beck.

Grimm, Jacob und Wilhelm (1984). *Deutsches Wörterbuch.* München: Deutscher Taschenbuch Verlag.

Hegel, Georg Wilhelm Friedrich (1973). *Phänomenologie des Geistes.* Frankfurt am Main: Suhrkamp.

Hegel, Georg Wilhelm Friedrich (1986). *Wissenschaft der Logik.* Frankfurt am Main: Suhrkamp.

Horsten, Klaus (1998). *Die Lehre vom Zurechtlegen der Worte. Xiucixue - Möglichkeiten und Regeln des Formulierens im Chinesischen.* Bochum: Projekt Verlag.

Hugo, Victor (1856). *Cromwell.* Oevres complètes de Victor Hugo de l'Académie Française, Dramen, Bd. 1. Paris: Alexandre Houssiaux.

Jandl, Ernst (1990). *Laut und Luise.* Stuttgart: Reclam.

Köb, Susanne (2005). *Reisephilosophie: Neue Ziele für Touristen oder Über die Selbstveränderung in alternativen Welten.* Gießen: Focus.

Krafft-Ebing, Richard von (1997). *Psychopathia sexualis.* München: Matthes und Seitz.

Opitz, Martin (1995). *Buch von der deutschen Poeterey (1624).* Stuttgart: Reclam.

Pons (2007). *Schulwörterbuch Spanisch.* Stuttgart: Ernst Klett Sprachen.

Popper, Karl (1989). *Logik der Forschung.* Hamburg: Hoffmann und Campe.

Riemann, Fritz (1984). *Grundformen der Angst.* München/Basel: Ernst Reinhardt.

Seidler, Günter (2001). *Der Blick des Anderen. Eine Analyse der Scham.* Stuttgart: Klett-Cotta.

Stein, Kurt M. (1953). *Die Allerschönste Lengevitch.* New York: Crown.

Thalmayr, Andreas (1990). *Das Wasserzeichen der Poesie oder Die Kunst und das Vergnügen, Gedichte zu lesen.* Frankfurt am Main: Eichborn.

Thomas-Mann-Archiv (1987). *Thomas-Mann-Studien. Der Siebente Band. Internationales Thomas-Mann-Kolloquium 1986 in Lübeck.* Bern: Francke.

Wagenknecht, Christian Johannes (1965). *Das Wortspiel bei Karl Kraus.* Göttingen: Vandenhoeck & Ruprecht.